16	3	2	13
5	10	11	8
9	6	7	12
4	15	14	1

Coleção LESTE

Vladímir Maiakóvski

SOBRE ISTO

Edição bilíngue

Fotomontagens
Aleksandr Ródtchenko

Tradução, apresentação, posfácio e notas
Letícia Mei

editora■34

EDITORA 34

Editora 34 Ltda.
Rua Hungria, 592 Jardim Europa CEP 01455-000
São Paulo - SP Brasil Tel/Fax (11) 3811-6777 www.editora34.com.br

Copyright © Editora 34 Ltda., 2018
Tradução © Letícia Mei, 2018

A FOTOCÓPIA DE QUALQUER FOLHA DESTE LIVRO É ILEGAL E CONFIGURA UMA
APROPRIAÇÃO INDEVIDA DOS DIREITOS INTELECTUAIS E PATRIMONIAIS DO AUTOR.

Imagem da capa:
*Detalhe de fotomontagem de Aleksandr Ródtchenko
para o livro* Sobre isto, *de Vladímir Maiakóvski, 1923*

Capa, projeto gráfico e editoração eletrônica:
Bracher & Malta Produção Gráfica

Revisão:
Cide Piquet, Danilo Hora, Beatriz de Freitas Moreira

1ª Edição - 2018 (1ª Reimpressão - 2020)

CIP - Brasil. Catalogação-na-Fonte
(Sindicato Nacional dos Editores de Livros, RJ, Brasil)

Maiakóvski, Vladímir, 1893-1930
M724s   Sobre isto / Vladímir Maiakóvski;
edição bilíngue; fotomontagens de Aleksandr
Ródtchenko; tradução, posfácio e notas de
Letícia Mei. — São Paulo: Editora 34, 2018
(1ª Edição).
240 p. (Coleção Leste)

Tradução de: Pro éto

ISBN 978-85-7326-716-7

Texto bilíngue, português e russo

1. Poesia russa. I. Ródtchenko,
Aleksandr, 1891-1956. II. Mei, Letícia.
III. Título. IV. Série.

CDD - 891.71

SOBRE ISTO

Apresentação, *Letícia Mei* 7

Sobre isto
Sobre isto — sobre o quê? 15
I. Balada da prisão de Reading 18
II. A noite de Natal 38
Petição endereçada a... 74

Notas ao poema 85
Posfácio, *Letícia Mei* 107

Anexos
Cartas de Maiakóvski e Lília Brik 145
Про это 177

Tabela de transliteração do russo 234
Sobre o autor 237
Sobre a tradutora 239

"O AMOR É O CORAÇÃO DE TUDO"

Letícia Mei

O longo poema lírico *Sobre isto* foi composto entre dezembro de 1922 e fevereiro de 1923, período no qual Vladímir Maiakóvski (1893-1930) se isolou em seu apartamento na passagem Lubiánski, em Moscou. A reclusão decorreu de uma grave discussão que tivera com Lília Brik (1891-1978), sua musa e grande amor. No momento da separação decidiram estabelecer um pacto de silêncio e de incomunicabilidade totais que permitiriam ao casal melhor refletir sobre os rumos do relacionamento.

As biografias contam que a relação sempre fora tumultuada devido às crises de ciúme de Maiakóvski diante do estilo de vida livre que Lília defendia. Como reelaborar o tema do amor, como reinventá-lo na nova sociedade, como construir as novas relações sociais promovidas pela revolução? Como não aniquilar o amor com o cotidiano banal e comezinho que impele ao individualismo burguês? Estas foram algumas das questões sobre as quais se debruçou Maiakóvski durante os dois meses de trabalho ininterrupto, que chegava a vinte horas diárias. Neste poema ele expõe toda a dor do dilema interior que seu gênio foi capaz de transpor da vida pessoal para a esfera universal.

Durante a reclusão, Maiakóvski não conseguiu cumprir sua promessa de silêncio. Felizmente, pois assim temos uma profusão de cartas e de bilhetes para elucidar as condições em que nasceu *Sobre isto*. A leitura dessa correspondência ilumina muitas passagens do poema com fatos reais.

Apresentação

Pela primeira vez o poema e a correspondência deste período foram integralmente traduzidos do russo para o português segundo um projeto de recuperação das marcas estilísticas do original. Marcas que nos permitem perceber não apenas o caráter de vanguarda do poeta, sua relação com a escrita e suas convenções, mas também a flutuação do estado de espírito de Maiakóvski ao escrever. Elas corroboram, assim, a própria poética da obra.

Sobre isto foi publicado em 29 de março de 1923, no primeiro número da revista *LEF* (*Frente Esquerda das Artes*), criada e dirigida por Maiakóvski. Em junho do mesmo ano ganhou uma publicação separada e ilustrada por fotomontagens do artista construtivista Aleksandr Ródtchenko (1881-1956), a partir de fotografias tiradas por Abram Petróvitch Chterenberg (1894-1979), combinando, assim, expressão verbal e visual.

Ródtchenko, velho conhecido de Maiakóvski, havia feito no ano anterior uma fotomontagem inspirada no cartaz do filme *Não nascido para o dinheiro*, estrelado pelo poeta, responsável também pelo roteiro, baseado em um conto de Jack London. Maiakóvski viu a fotomontagem na capa da revista soviética de fotografia contemporânea *Kino-Foto* e convidou o artista para ilustrar *Sobre isto* empregando a mesma técnica. Após a leitura do poema durante uma reunião de amigos no apartamento do poeta, Ródtchenko fez a capa e treze fotomontagens, das quais oito integraram o livro original e se encontram reproduzidas neste volume, com o mesmo tratamento gráfico da primeira edição, de 1923.

Quanto à correspondência entre Maiakóvski e Lília Brik, deve-se ter em mente que o material não foi concebido para ser publicado, trata-se da comunicação mais genuína e espontânea de um casal, em que se percebem o sofrimento, a alegria, a apreensão, a desconfiança e todos os sentimentos que temperaram o período da separação. Nas cartas notamos uma profunda intimidade entre os dois, o que explica a linguagem telegráfica e as frases enigmáticas que prescindem de explicação para o destinatário.

Há uma perceptível diferença entre os escritos de Maiakóvski e de Lília. Nas cartas dele, impera a ausência de sinais de pontuação, sobretudo nos textos mais desesperados, exceção feita aos abundantes travessões que destacam as ideias. Há inúmeras repetições (outro sinal de confusão emocional), a sintaxe é truncada, mesclam-se os registros baixo e elevado e apreende-se o tom de humor. Já as de Lília, mais raras e lacônicas, obedecem à gramática normativa.

Vale ressaltar que esta correspondência nunca teve ambição literária: Maiakóvski nunca considerou suas cartas como um gênero artístico independente, como outros escritores já fizeram. Nelas, o tratamento da palavra segue os mesmos princípios da sua poesia, em que a pontuação é instável e a segmentação das longas frases, complexa. Segundo o organizador da edição russa, Bengt Jangfeldt,

> "[...] a sintaxe é a tal ponto independente das regras aceitas que qualquer tentativa de 'corrigi-la' apenas complicaria a leitura e arruinaria seu ritmo. A ortografia é errada e incoerente. Tudo isso confere às cartas uma imediatez particular, um ritmo muito específico que pulsa veloz e que transmite magistralmente a índole e as emoções do poeta. Às cartas de Maiakóvski se contrapõem as de Lília, essas também escritas sem ambição literária, com entusiasmo e vivacidade, mas segundo todas as regras ortográficas [...]"[1]

---

[1] Bengt Jangfeldt (org.), *L'amore è il cuore di tutte le cose*, Vicenza, Neri Pozza, 2005, p. 67.

Elas interessam-nos, pois, como documento histórico-literário e "seu valor consiste, dentre outros, justamente na ausência de literariedade e na intensidade excepcional com a qual é conduzida".[2]

Sabe-se que Maiakóvski e Lília tiveram origens completamente diferentes. Ela pertencia a uma família abastada, teve uma formação escolar sólida e dominava vários idiomas. Maiakóvski não terminou a escola e enfrentou grande penúria na infância. Isto poderia explicar em parte a diferença de estilos de escrita. Outra razão importante é a posição do poeta diante da própria atividade literária. Maiakóvski foi um dos fundadores do movimento cubofuturista russo que defendia, acima de tudo, a liberdade da palavra e da arte. Na última carta da presente seleção ele afirma: "não gosto de obrigações". É justamente o traço vanguardista e irreverente que ele imprime, seja na sua poesia, seja nas suas cartas pessoais.

A tradução baseou-se na edição russa organizada pelo especialista em Maiakóvski, Bengt Jangfeldt. Nela se encontram todas as cartas e bilhetes do período de composição do poema, exceto os mais curtos e irrelevantes para a compreensão do relacionamento. Procuramos manter o estilo do original, valorizando o tom íntimo e informal, com suas palavras muitas vezes baixas e não poéticas, flutuação do uso e da colocação pronominal.

As traduções às quais tivemos acesso em outros idiomas apresentam propostas diferentes da que decidimos privilegiar neste trabalho. Elas procuram interpretar e explicitar o que é apenas sugerido e reorganizam a sintaxe caótica. Preferimos manter os traços originais apontados acima, buscando conservar o estranhamento que o texto causa mesmo a um fa-

---

[2] *Idem*, p. 68.

lante nativo de russo. Um exemplo são os vários apelidos que Maiakóvski e Lília inventam um para o outro, muitos dos quais são formas de tratamento incomuns na língua russa.

Sobre isto foi o último poema longo de Maiakóvski dedicado ao amor. O poeta e sua musa seriam amigos para o resto da vida, mas a relação amorosa mudou radicalmente naquele ano. Em função do lastro autobiográfico da obra, Maiakóvski sofreu duras críticas, mas continuou defendendo o poema como um manifesto pelo amor universal e como sua obra-prima. Nele veem-se concentradas e bem elaboradas suas principais concepções acerca da vida, do amor, da revolução, do cotidiano e da arte, trabalhadas segundo os preceitos poéticos que defendia: liberdade na escolha do vocabulário, oralidade, sons e estruturas pesadas, imagens hiperbólicas, elipses. Tudo para reforçar a máxima que proferiu em sua "carta-diário" endereçada a Lília e nunca enviada: "o amor é o coração de tudo".

As traduções publicadas neste volume contaram com a colaboração de vários colegas e amigos. Agradeço a cada um deles pela paciência, pelo diálogo e pelas sugestões preciosas que me ajudaram a encontrar algumas soluções.

Aos professores Arlete Cavaliere, Mário Ramos, Aurora Bernardini e Denise Sales, agradeço pelo apoio no mestrado e no doutorado dedicados a Maiakóvski. Ao professor e amigo Alexandre Hasegawa, obrigada pelas longas horas de conversa sobre poesia e sua tradução. Agradeço à equipe da Editora 34, especialmente ao editor Cide Piquet pela leitura e debate atentos do texto e pelas ótimas sugestões e a Danilo Hora pela revisão minuciosa. Ao professor Bruno Gomide e a Rodrigo Alves do Nascimento, meu agradecimento pelo auxílio na reunião das cartas originais russas. A minha amiga e eterna mestra Ekaterina Vólkova Américo, que compartilha comigo a admiração por Maiakóvski, agradeço pelas longas sessões de cotejo e por tantas informações imprescindíveis para este trabalho. Por fim, meus agradecimentos a Eduardo e Laura, o coração de tudo.

SOBRE ISTO

A ela e a mim

SOBRE ISTO[1] — SOBRE O QUÊ?

Neste tema,
   pessoal
     e banal,
cantado não uma vez
      mas cinco,
como um poeta esquilo[2] girei em espiral
e vou girar com mais afinco.
Este tema
   é agora
     para Buda[3] uma oração
e a faca[4] que o negro afia a seu senhor.
Se Marte[5] vigora,
     e nele houver um coração,[6]
então ele também
     agora
      por isto
       exprime a sua dor.
Este tema chega,[7]
     às cotoveladas instiga
o mutilado pro papel,
      ordena:
       — Fira![8] —
E o mutilado
    do papel
      desprende-se num grito de rapina,

só com as linhas a canção rebate o sol.[9]
Este tema chega,
                    ressoa da cozinha,
gira,
        some como o chapéu de um cogumelo,
e gigante
            fica de pé por um instante
                              e desaba,
soterrado sob bilhetes[10] velhos.
Este tema chega,
                ordena:
                    — Verdade pura![11]
Este tema chega,
                celebra:
                    — Formosura! —
E ainda que
            as mãos se viguespalmem[12] —
apenas uma valsa cantarola da cruz.
Este tema desgasta veloz o alfabeto —
e parecia um livro fácil![13] —
e transforma-se o
                — A —
                    em Kazbek[14] inacessível.
Confunde,
        desvia do sono e da fome.
Este tema chega,
                nunca se consome,
apenas diz:
            — De agora em diante, olha[15] pra mim! —
E o olha,
        e vai estandarte
bandeirando a terra com o fogo sedescarlate.[16]
É um tema ardiloso!
                Mergulha sob os fatos,

no imo dos instintos preparando-se para o salto,
e furioso
          — atreveram-se a esquecê-lo! —
tremula;
          cairão as almas das peles.
Este tema chegou colérico,
ordenou:
          — Dá-me
               a rédea dos dias! —
Olhou, crispando-se, o meu cotidiano
e como tempestade derramou seres e afazeres.
Este tema chegou,
            os demais afastou
e só,
      sem reserva, íntimo se tornou.
Este tema colocou a faca na garganta.
Martelutador![17]
            Do coração às têmporas.
Este tema entenebrou o dia; nas trevas
crava — ordenou — as frontes com os versos da dor.[18]
O nome
      deste
         tema é:
. . . . !

I
BALADA DA PRISÃO DE READING[19]

> "Estava de pé — posso me lembrar.
> Havia um brilho.
> E isto
> então
> chamava-se Nevá"[20]
>
> Maiakóvski, *O homem*[21]

Sobre a balada e sobre as baladas[22]

Velha lábia da balada,
mas se as palavras lanham
e as palavras falam sobre isto, que lanham,
rejuvenesce a lábia da balada.
Passagem Lubiánski.[23]
     Vodopiáni.[24]
        Esta é
a vista.
   Este é
      o fundo.
Na cama ela.
      Ela está deitada.
Ele.
   Sobre a mesa o telefone.
"Ele" e "ela": a minha balada.
Nenhuma novidade.
O terrível é
     que "ele" sou eu,
E que "ela"

*Na cama ela./ Ela está deitada./
Ele./ Sobre a mesa o telefone.*

é a minha amada.
Por que prisão?
                    Natal.[25]
                         Confusão.
Sem grades nas janelas da casinha!
Isso não é da sua conta.
                              Digo e repito: prisão.
Uma mesa.
           Sobre a mesa um fio.

                    Pelo cabo corre um número

Toco e estremeço — corpo febril
Escapa das mãos o fone.
Da marca fabril —
duas flechas brilhantes[26]
roderraiaram[27] o telefone.
O quarto ao lado.
                    De lá
                         soa sonolento:
— Quando isso?
                    De onde vem esse porquinho? —
A campainha já geme[28] pelas chamas.
incandescente ferve o aparato.
Ela está doente![29]
                    De cama!
Corra!
        Rápido!
                Já!
Com a carne em chamas, pressiono as chagas.
Num átimo o relâmpago atravessa o corpo.
Espremo um milhão de volts de tensão.

Meto meus lábios no inferno telefônico.
Furando
            buracos
                        na casa,
sobrevoa
            a Miasnítskaia[30]
                        como campo lavrado,
rasgando
            o cabo,
                        o número
feito bala
            voou
                        até sua patroa.
Olhava atônito o olho da patroa —
antes da festa trabalha por duas.
A luz vermelha acendeu de novo.
Ela ligou!
            O fogo apagou.
E de repente,
            como se as lâmpadas estivessem loucas,
toda a rede telefônica explode nos fios.
— 67-10![31]
Ligue para o 67-10!
Para o beco!
            Rápido!
                        Ao silêncio da Vodopiáni!
Ah!
      O que acontecerá com a eletricidade! —
na véspera do Natal
                        no ar
detona
            toda
                        a central
                                    telefônica.

Era uma vez, na Miasnítskaia, um ancião.
Cem anos depois disto ainda vivia —
e só sobre isto
                cem anos! —
o avô às crianças repetia.
— Era sábado...
                    véspera de domingo...
Eu queria
        carne baratinha...[32]
Então toma!
            Terremoto...
As solas queimam...
                Tremem os pés!... —
As crianças não acreditaram
                    que havia sido
                            tal e qual.
Um terremoto?
        No inverno?
                No correio central?![33]

                O telefone lança-se sobre todos

Enfiando-se por milagre pelo fino fiozinho,
abrindo o aro da boca do tubo,
um pogrom de toques destroçando o silêncio,
o telefone lança uma lava chiante.
Isto é um grunhido,
            isto é estridente,
disparou sobre as paredes,
                esforçando-se para explodi-las.
Filhotinhos da campainha,
            ricocheteando

aos milhares

das paredes

sob as cadeiras e as camas

cambaleavam.

Do teto ao chão um enorme sino badalava.

E de novo,

feito uma esfera estridente,

decolou ao teto, chocando contra o pavimento,

e se dispersou em mil fragmentos de som.

Vidro sobre vidro

aço sobre aço

começaram a ressoar

ao som do telefone.

A tremelicar

com a mãozinha

a casa-chocalho,

o telefone afundava na inundação de toques.

A madrinha do duelo

Pelo sono

pouco se vê —

um ponto de pupila

alfineta as bochehas tórridas.

Lenta, a cozinheira[34] levantou,

vai

escarrando e grasnindo.

É como uma maçã enrugada.

Os pensamentos encrespam sua fronte.

— Quem?

Vladímir Vladímitch?![35]

Ah, tá! —

Foi, arrastando o chinelo.
Chega.
         Medindo passos como num duelo.
Os passos afastam-se...
                    Mal se ouvem...
O resto do globo vai não se sabe aonde,
só o desconhecido aponta o gancho para mim.

                              A iluminação do mundo

Congelados, os conferencistas de todas as assembleias,
não conseguem concluir o gesto.
Assim, como estavam,
                    boquiabertos,
                              eles, de perto
assistem ao Natal dos Natais.
Veem a vida
         de barraco em barraco.
A casa deles —
              a eterna lama habitual.
Como a se espelhar,
                 esperavam,
a me mirar,
         um mortal duelo de amor.
Petrificaram-se os estrondos das sirenes.
O rebuliço não gira as rodas nem os passos.
Apenas o campo do duelo
                    e o tempo-doutor
com as infindas bandagens da morte curadora.
Moscou —
         além-Moscou os campos se calaram.
Mares —

além-mares, cordilheiras complanadas.
O universo
                    todo
                    como num binóculo abrigado,
um binóculo enorme (só que do lado contrário).
O horizonte aprumou-se
                              plano-plano.
Um nastro.
                    Teso como um barbante esticado.
Uma ponta
                    sou eu no meu quarto,
você, no seu quarto, o outro lado.
E no meio,
                    assim,
                              como nunca sonhado,
um tanto orgulhosa de sua roupa branca nova,
pelo universo
                    estendeu-se a Miasnítskaia,
miniatura de marfim.
Clareza.
          Tortura da transparente clareza.
Na Miasnítskaia,
                    detalhe do traçado hábil,
o cabo
          fininho —
                    apenas um filete!
E tudo
          está por um fio.

O duelo

Um!
    Apontam o fone.
            Abandone
a esperança.
        Dois!
           Decidida
Ela parou
      sem tremer,
          bem diante
de meus
      olhos encobertos e suplicantes.
Quero gritar à mulher molenga:
— Por que está se achando?
                Aí em pé como D'Anthès![36]
Ligeiro,
ligeiro escava o cabo
como projétil
        de qualquer peso e peçonha. —
Mais terrível que a bala —
           vem de lá
              para cá,
disparada pela cozinheira a bocejar,
qual coelho tragado na barriga de uma jiboia
pelo cabo,
    vejo,
        a palavra rastejar.
Mais terrível que as palavras —
           dos tempos remotos remotíssimos,
com caninos pra fora capturava a fêmea o caçador,
arrastava-se
      do fio —

o ciúme escorchador,
monstro dos tempos trogloditas de outrora.
Mas pode ser...
E talvez seja!
Ninguém no telefone penetrou ou penetra,
não há nenhum focinho trogloditesco.[37]
Sou eu no telefone.
Eu me espelho no metal.
Agarre-o e escreva circulares do Comitê Central![38]
Vai — confronte com Erfurt[39] a verdade dessa esfera!
Pela primeira dor
disparatado,
extremado,
superado o cérebro,
abre caminho a fera.

O que pode acontecer com um homem

Bela aparência.
Camaradas!
Imaginem só!
Em Paris, na turnê estival,
o poeta,
estimado colaborador do jornal,[40]
garatuja a cadeira com as garras dos sapatos.
Ontem era um homem —
e de uma vez,
com caninos, minha aparência ursifiquei![41]
Peludo.
A camisa pende como pelo.
Vai fazer o mesmo?!
Bater nos telefones em atropelo!?

*arrastava-se/ do fio —/ o ciúme escorchador,/
monstro dos tempos trogloditas de outrora.*

Retorne aos seus!
Aos mares de gelo!

Ursificação[42]

Como um urso
        mortalmente enfurecido,
puxo o peito
        contra o telefone
                meu inimigo.
E o coração
penetra profundo no arpão.
Sangra.
        Um riacho de cobre rubro.
Rugidos e sangue.
                Lambe, escuridão!
Não sei
        se choram
                os ursos,
mas se choram,
                é bem assim.
Bem assim:
                sem falsa compaixão
choramingam,
                inundando o desfiladeiro inteiro.
Assim faz seu ursesco Balchin,[43]
desperto por uivos, rosna atrás de mim.
É justamente o que os ursos fazem:
imóveis,
        focinho ao ar,
                ursamente,[44]
uivam,

se acabam em uivos
     e na toca vão se deitar,
arranhando o covil com unhas e dentes.
Cai uma folha.
   Avalanche.
     Inquietação.
Que as espingardas — pinhas
     não despenquem de uma vez.
Só assim é possível a urselevação:[45]
pelas lágrimas e pelos que turvam a lucidez.

O quarto gotejante

Cama.
  Barras de ferro.
    Velho cobertor.
Jaz sobre as barras de ferro.
    Calmaria.
     Estupor.
Um arrepio veio.
   Perpassou as barras de ferro.
O lençol do leito balança e balbucia.
A água[46] lambeu os pés, fria.
De onde vem a água?
    Por que tanta?
Fui eu que chorei.
   Um chorão.
    Lamaçal.
Não é possível —
   é proibido o choro colossal.
Maldita banheira!
   Atrás do sofá uma aguaceira.

Sob a mesa,
atrás do armário, água.
Do sofá,
de água ensopada,
rumo à janela navegou a mala.
Chaminé...
Bituca...
Eu mesmo joguei.
Tenho que contê-la.
Teima em torrar.
Terror.
Aonde?
Para qual chaminé?
Um quilômetro.[47]
Ao cabo de um quilômetro a margem em chamas.
Tudo encharcado,
até mesmo o cheiro de repolho
da cozinha,
eterno e
docemente açucarado.
Um rio.
Ao longe as margens.
Que vazio!
Como uiva o vento do Ládoga[48] em teu vestígio!
Um rio.
Magnífico rio.
Um frigorífico.
Encrespa o rio.
Eu no meio.
Como um urso-polar,
começo a escalar o bloco de gelo,
navego do alto da minha almofada-gelo.
Renova o litoral
de local em local.

Sob mim a almofada glacial.
Do Ládoga sopra o vento.
                    A água corre.
Voa a balsa-almofada.
Navego.
            Febrilizo[49] na almofada gelada.
O único sentimento que a água não lavou:
eu devo navegar
                    sob os arcos da cama
ou
    sob alguma ponte.
Foi bem assim:
                o vento e eu.
Este rio!...
            Não este.
                    Um outro.
Não, não um outro!
                Foi assim.
                        Estava parado.
Sim — brilhava.
                Agora começo a lembrar.
O pensamento cresce.
                    Não consigo controlar.
Para trás!
            A água não deixa a balsa circular.
É cada vez mais evidente...
                        cada vez mais claro...
Não dá para evitar...
                Ele virá!
                    Lá!!!

O homem de sete anos atrás[50]

Ondas lavam metálicos pilares.
Imóvel,
      terrível,
            cravado nos quadris
da capital,
        que criei em instantes febris,
em pé
       sobre seus pilares centandares.[51]
Bordou o céu de pilastras aéreas.
Das águas insurge-se o espetáculo de aço.
Ergo os olhos para o alto,
                   mais alto...
Bem ali!
      Bem ali —
           aparado no parapeito da ponte...
Perdão, Nevá!
         Não perdoa,
              expulsa.
Piedade!
      A corrida enraivecida não se compadeceu.
Ele!
   Ele —
        sobre um fundo inflamado, no céu,
está o homem por mim atado.
Em pé.
      O cabelo desgrenhado e arrepiado.
Pateio as orelhas.
          Tão inúteis!
Eu ouço
    a minha,
        a minha própria voz.

A lâmina da voz trespassa as minhas patas.
Minha própria voz —

implora,

pede:[52]

— Vladímir!

Pare!

Não me deixe!

Então por que não permitiu que me

atirasse?

Que o coração com força no pilar despedaçasse?
Há sete anos aqui me conservo.

Observo essas águas,

ao parapeito preso pelas linhas dos versos.
Há sete anos essas águas não tiram os olhos de mim.
Quando, então,

quando a libertação chegará enfim?

Quem sabe entrou na dança?
Beija?

Come?

Cultiva a pança?

Você,

no cotidiano mesquinho,

naquela felicidade familiar,[53]

quer se insinuar como um franguinho?!
Nem pensar!

Sua mão despenca.

Ameaça

seca

no fosso sob a ponte.

— Nem pense em fugir!

Fui eu

que te chamei.

Eu vou te encontrar.[54]

Cercar.

Pateio as orelhas./ Tão inúteis!/ Eu ouço/ a minha,/ a minha própria voz./ A lâmina da voz trespassa as minhas patas.

Arruinar.

Torturar!

Lá,

na cidade,

a festa.

Ouço o seu trovão.

E daí?!

Peça para virem.

Traga a deliberação do comitê.[55]

Confisque minha amargura,

anule-a.

Enquanto

do rio

Nevá,

lá do fundo,

o amor-salvador

não chegar até mim,

você também vagará,

e o amor não terá nesse mundo.

Reme!

Afunde entre as pedras das casas enfim.

Socorro!

Pare, almofada!

Esforço inútil.

Remo com minha pata —

péssima pá.

A ponte encolhe.

A correnteza do Nevá

me leva para lá,

lá, lá.

Estou longe já.

          Um dia de viagem talvez.

Há um dia

          vi minha sombra na ponte.

Mas o ruído de sua voz está no meu encalço.

Na perseguição estirou as velas da ameaça.

— Está tramando esquecer o brilho do Nevá?!

Substituí-la?!

          Não dá!

Lembre-se do marulho até a morte te levar,

marulhando o "Homem". —

Começou a gritar.

          Será que conseguem sair dessa?!

A tempestade retumba —

          não sairá nunca.

Socorro! Socorro! Socorro! Socorro!

Lá

  na ponte

      sobre o Nevá,

          há um homem!

II
A NOITE DE NATAL[56]

Realidade fantástica[57]

Renova o litoral —
         de local em local.
Sob mim,
     a almofada — glacial.
O vento do Ládoga encrespa a crista.
Alça voo
      o bloco-balsa.
Socorro! — solto a saraivada de verbos.
Caio, aniquilado pelo tranco.
O riacho acabou —
          é mar aberto.
O oceano —
      tão grande que afronta
Socorro!
     Socorro!...
        Cem vezes seguidas
urro qual bateria de canhões.
Embaixo
     sob mim
         cresce o quadrado,
a ilha-almofada cresce.
Esvai-se, esvai-se,

esvai-se o som surdo.
Surdo, e mais surdo, e mais surdo...
Nada de mar.
                    Eu —
                         sobre a neve.
Ao redor —
                    quilômetros de terra firme.
Firme — é modo de dizer.
                              É neve a derreter.
Abandonado ao bando da nevasca.
Que terra será esta?
                    Que país?
Groen-
        -amor — is-
                    -lândia?[58]

                                        A *ferida dos fatos*

Entre as nuvens amadureceu o melão lunar,
obscurecendo a parede lentamente.
Parque Petróvski.[59]
                    Corro.
                         Khodynka[60]
em minha jugular.
                    O lençol da Tverskáia[61] em frente.
Eiiiiiiiii!
            Até à Sadóvaia[62] atiro um "ei"!
Não sei se varal
                    ou veículo,
mas acabei
            com o focinho
                         enfiado na neve.

Projétil de imprecações.
"A NEP[63] te cegou?!"
Você tem olhos pra quê?!
Ei, você!
              Filho de uma nep!
Palhaço!"
Ah! Pois é,
              neste percurso,
sou um urso.
Foi um engano!
              Saiba —
                          passante,
que sou mesmo um urso,
                          e não apenas semelhante.

                                        O salvador

Lá
   da barreira
                    vem um rapazola.
Passo a passo vem crescendo.
A lua
      circunda sua cabeça com uma corola.[64]
Eu o convenço
              a subir na barca
                          imediatamente.
É o salvador!
              Um tipo de Jesus.
Sereno e bondoso,
                    coroado de luz.
Mais perto.
              Rosto jovem e sem pelos.

Nada de Jesus!
        Mais gentil.
                Mais juvenil.
Chegou mais perto,
          porte de Komsomol.[65]
Sem gorro nem peles.
                Ataduras e túnica militar.
Ora entrelaça as mãos,
          como se orasse.
Ora as agita,
        como se num comício discursasse.
A neve é algodão.
            O rapazinho caminhava pelo algodão.
Algodão no ouro —
        há algo mais vulgar?!
Mas tamanha é a tristeza,
          que só resta parar
              e a ferida ferir!
Numa romança[66] ultracigana se fundir.

Romança

O rapazinho andava fitando o pôr do sol.
Pôr do sol de extraordinário amarelo.
Até a neve amarelava na entrada da Tverskáia.
O rapazinho andava, não via nada.
Seguia,
subitamente
cessou.
Na seda
das mãos
o aço.

Há uma hora o ocaso o fita, vista fixa,
atrás do rapaz uma leve faixa.
A neve, crepitando, triturava as juntas.
Por quê?
            Para quem?
                        Como isso se encaixa?
O rapaz era revistado pela vilania-ventania.
Um bilhete seu voou ao vento.
O vento para o parque Petróvski começou a ressoar:
— Adeus...
            Paro por aqui...
                        Peço para não culpar...[67]

Não há o que fazer

Como é possível
sermos tão parecidos?
Que horror!
            É incrível!
                        Vai pra poça!
A jaqueta ensanguentada despir.
Bem, camarada!
                A situação daquele é pior —
sete anos na ponte, sem poder sair.
A jaqueta mal cabe —
                        calibre errado.
Não consegue se ensaboar —
                            os dentes não param de bater.
Patas e focinho pelados,
O gelo como espelho...
                    A luz como lâmina...
Somos quase,

quase iguais.
Corro.
       Os miolos processam endereços.
Primeiro,
         pra Présnia,[68]
            pra lá,
               pelos quintais.
Pro covil familiar, por instinto, me arrasto aos tropeços.
Atrás de mim,
       em longa fila,
           os filhos,
e filhas
     de toda a Rússia.

                 Pais universais

— Volódia!
      Aqui, no Natal!
Que felicidade!
       Alegria geral!... —
Antessala trevas
       Cômodo eletricidade.
De repente —
      Na diagonal, os rostos dos meus.
— Volódia!
     Meu deus!
        O que houve?
           O que é isso?
Está todo vermelho.
       Mostre a gola!
— Deixe pra lá, mãe,
     lavo em casa.

Tenho a vastidão —
                    do oceano agora.
Isso não importa.
                    Meus queridos![69]
                              Amados!
Vocês me amam mesmo?
                    Amam?
                              Sim?
Então me ouçam!
               Tia!
                    Irmãs!
                              Mamãe!
Apaguem a árvore de Natal!
                              Tranquem a casa!
Eu as levarei...
                    Vamos andando...
                              Vamos direto...
Agora mesmo...
               Todos!
                    Vamos e pronto.
Não tenham medo —
                    Não é nada longe —
Uns 600 quilometrinhos.[70]
Chegaremos lá rapidinho.
Ele espera.
               Subiremos direto na ponte.
— Volódia,
          minha alma,
                    calma! —
                              Mas eu respondo
imerso no chiado doméstico:
— Então é assim?!
                    Trocam o amor pelo chá?[71]
O amor pelo remendo das meias?

Viagem com a mamãe

Não é você —
            não é a mamãe Al'sandra Al'séievna.[72]
O universo todo semeado de famílias.
Olhem,
        cerdas de mastros de navios —
a cunha de Oder[73] crava na Alemanha.
Desce, mamãe,
            já estamos em Estetino.[74]
Agora,
      mamãe,
            aceleremos para Berlim.
Agora voaremos com o ronco do motor:
Paris,
    América,
            a ponte do Brooklyn,
o Saara —
        e aqui,
            com uma negrinha de cabelos crespos,
um negrinho beberica o chá em família.
Amassará como um colchão de penas
                            a vontade
                                e a pedra.
A Comuna —
            vai se tornar una.
Por séculos
        viveram cada um no seu domínio
e hoje vivem em condomínio!
Outubro trovejou,
            castigador,

julgador.

Vocês,

sob a sua asa de fogo,

se espalharam

esparramando a porcelana.

Teias de aranha não se penteiam com uma estaca.

Desapareça, casa,

lar natal!

Adeus! —

Abandono a série de degraus.

— Para que serve a família?!

Amor de pintinho!

Amorzinho de chocadeira!

As miragens da Présnia[75]

Corro e vejo —

está na cara,

como as torres da Kúdrinskaia[76]

eu mesmo

venho

ao meu encontro

com presentes debaixo do braço.

Mastros em cruz na tempestade estirados,

a nave derrama seu rastro.

Maldita seja,

vazia leveza!

A lonjura escancarou os dentes das casas.

Sem pessoas nem barreiras.

As neves queimam,

deserto.

E detrás da janela,

no fogo, só as agulhas do abeto.
Contra as pernas,
           como freios, ligeiros,
ergueram-se paredes, janelas enfileiradas.
Pelos vidros,
           sombras,
                      silhuetas do tiro ao alvo
reviravam-se nas janelas,
                      convidando a entrar.
Olhos colados no Nevá,
                      congelado,
parado, ele espera —
                      vão ajudar.
Na primeira soleira que surge
avanço a perna.
Na entrada um bêbado ventilava delírios.
Ensobriou[77] e se mandou.
Inunda a sala o lamento de um discurso:
— Urso,
     urso,
        urso,
           urs-o-o-o-o!

O marido de Fiókla Davidovna, seus conhecidos e eu

Então,
      curvando como ponto de interrogação,
o anfitrião deu uma olhada:
                      — Vejam só!
Maiakóvski!
           Que beleza de urso! —
Prosseguiu o anfitrião desfazendo-se em gentilezas:

— Por favor!

    Passa.

        Não se incomode —

            Cada um entra como pode.

Uma alegria inesperada, como disse Blok.[78]

Minha mulher — Fiókla Dvidna.

Minha filha,

igualzinha a mim,

        dá para ver —

dezessete aninhos e meio.

E esse é...

        Parece que vocês já se conhecem! —

Mortos de medo junto aos ratos no covil,

de baixo da cama saíam os amigos.

Os bigodões —

          espanador para o pó das lâmpadas —

emergem de sob as mesas os companheiros de barril.

Arrastam-se de sob o armário leitores, recitadores.

Mas como descrever um desfile de sem rostos?[79]

Vão e vão, em pacífica procissão.

Nas barbas brilham as teias de aranha dos apartamentos.

Tudo exatamente igual,

           secular.

Sem o chicote —

        a égua da vida não se move.

Somente no lugar de espíritos e fadas,

o anjo da guarda —

        um inquilino em calças de militar.[80]

Mas o mais terrível:

      a estatura,

        a pele

as roupas,

    o meu próprio caminhar! —

em um deles

*Tudo exatamente igual,/ secular./
Sem o chicote —/ a égua da vida não se move.*

me reconheci —

parecidos como gêmeos[81] —

a mim mesmo —

eu

mesmo.

Nos colchões,

erguendo os tecidos roídos,

percevejos[82] cumprimentam levantando as patas.

O samovar inteiro se desfaz em raios —

quer abraçar com seus braços samovarianos.

Marcadas de moscas,

as coroinhas

do papel de parede

coroam sozinhas os parentes.

Agita-se a fanfarra dos anjos-clarins,

avermelhados sob o brilho dos ícones.

Jesus,

levantando

a coroa de espinhos,

cumprimenta amavelmente.

Até Marx,

atrelado à rubra moldura,

arrastava os grilhões da usura.

Cantarolam os pássaros em cada poleiro,

os gerânios enfiam nas narinas o seu cheiro.

Assim como estão,

sentadas nos retratos,

de cócoras,

cordialmente as avós saem das fotos.

Todas cumprimentam,

abrem um sorriso falso em comunhão;

uma com voz de baixo,

a outro com o soprano

de um sacristão.

50

— Boas festas!
            Boas festas!
                        Boas festas!
                                    Boas festas!
                                                Boas
fes-
        -tas! —
O anfitrião
            ora mexe uma cadeira,
                                    ora bufa
varrendo as migalhas da toalha.
— Mas eu não sabia!...
                        Se eu soubesse eu teria ido ontem...
Mas pensei que estivesse ocupado...
                                Em casa...
                                            Com seus parentes...

                        Pedidos sem sentido

Meus parentes?!
            S-i-i-i-m —
                        são uns tipos diferentes.
Só uma bruxa com a vassoura acharia igual![83]
Meus parentes
            de Ienissei[84]
                        e de Ob[85]
estão chegando,
                deixam pegadas de animal.
Qual é a minha casa?!
Acabo de sair de lá.
No travesseiro-gelo
naveguei pelo Nevá —

minha casa
no meio das barragens
congelou,
e lá...
Escolhia as palavras
                    ora as mais insinuantes,
ora rugidos terríveis,
                    ora esbadalando liramente.[86]
Rumo à eterna glória
                    desviei das vantagens,
supliquei,
        ameacei,
                implorei,
                        propagandeei.
Mas era para todos...
                para vocês próprios...
                        para vocês mesmos...
Bem, por exemplo, o "Mistério"[87] —
                    não foi para mim afinal, foi?!
Pois o poeta etc...
                É para todos nós crucial...
Não só para mim mesmo —
                    não é um capricho pessoal...
Sou, digamos, um urso, falando curto e grosso...
Mas são possíveis os versos...
                    Esfolam a pele até o osso?!
Faça um forro de rimas —
                    e terá um casaco!..
Depois ao pé da chaminé...
                o café...
                        fumam charutos...
Uma coisinha de nada:
                uns dez minutos...
Mas tem que ser agora,

                                    antes que seja tarde...
Talvez aplaudir...
                    Dizer algo —
                                    Tenha fé!...
Mas que seja imediato...
                            e pra valer... —
Ouviram, sorrindo, o famoso bufão.
Rolavam pela mesa o miolo de pão.
As palavras na cabeça,
                        e no prato —
                                        como ervilhas.
Um se comoveu,
                amolecido pelo vinho:
— Espeeeera...
                espeeeera...
É tão simples.
Eu vou!...
            Dizem que ele espera...
                                    ali na ponte...
Eu conheço...
                É na esquina da rua Ponte Kuzniétski.[88]
Me deixem ir!
                Vamos lá! —
Nos cantos —
                um chiado:
                            — Ench-ch-ch-eu a caaaara!
Ele vai reclamar!
Comer e beber,
beber e comer —
e jogar 66[89]
até morrer!
A NEP —
            é prática.
Encha o copo,

corte mais um pedaço.

Futurista,

pegue aí! —

O bloco de maxilares não se envergonha de nada,
soa dos maxilares sobre os maxilares a trovoada.

Emergiram

de profundezas patéticas,

entre os cálices,

palavras de disputas poéticas.

No colchão,

fazendo uma saudação,

entraram os percevejos.

O pó secular se acumulou nos objetos.

E ele está lá —

pregado no parapeito.

Ele espera,

carrega a certeza no peito:

logo!

Mais uma vez de cabeça,

mais uma vez contra o cotidiano

bato com a bomba das palavras.

Novamente,

ataco a torto e a direito.

Mas é estranho:

as palavras penetram sem efeito.

O incomum

Os mosquitos silenciam o baixo com seu trinado.
Envoltos no ar, silenciaram-se os pratos.

O papel

nas paredes,

desbota...

desbota...

Afunda nos tons de cinza das águas-fortes.

Da parede,

sobre a cidade saturada

Böcklin,[90]

transformou Moscou na "Ilha dos Mortos".[91]

Há muito, muito tempo atrás

E ainda mais —

agora.

Uma coisa parca!

Lá,

na barca,

cerrado em um sudário,

o barqueiro imóvel.

Não sei se mares,

ou vales —

seu sussurro esvai-se no silêncio.

E além dos mares —

os álamos

elevam ao céu a morbidez.

Pois bem —

dou um passo!

E súbito

os álamos

se separaram do dossel,

e foram,

pisoteando os ramos.

Os álamos tornaram-se a medida do silêncio sepulcral,

guardas-noturnos,

floresta policial.

Quadruplicando-se no horizonte,

o branco Caronte[92]

tornou-se uma coluna do correio central.

Sem saída

Como a cunha corta o sono,
e fende as cabeçadormecidas[93]
súbito
          tudo some,
e vê somente achas retorcidas.
Como os tambores das ruas,
                              entram
no sonho,
          e súbito começa a lembrar,
que a melancolia mora lá
                         naquela esquina,
e atrás dela
          está ela —
               a culpada.
A esquina encobre as janelas[94] com a mão espalmada,
vidro após vidro arranco o cerco.
A vida inteira
          nesse jogo das janelas.[95]
Ponto para elas —
               e eu perco.
Um trapaceiro[96] —
               cilada das miragens —
                              sobre as janelas
traça atrevido alegres marcas.
O baralho de vidros,
               num triunfo clariflamejante,[97]
resplandesce atrevido entre os noturnos dedos.
Se fosse como antes —
               e crescesse,

e voasse com os versos pela janela.
Mas não,
        resta escorar na umidade da parede.
Os versos
        e os dias já não têm a mesma sorte.
Congelam as pedras.
                Arrepio de morte.
E raramente passam as vassouras.
Cuspindo,
        tirados os sapatos,
galgo os degraus.
A dor no coração não silencia,
começa a selar elo a elo.
Foi assim
        que o assassino
                Raskólnikov[98]
veio tocar a campainha.
O bando de convidados vai pelas escadas...
Eu cedo, deixo os degraus —
                me emparedo.
Me esforço para me intromofar[99] na parede
e ouço —
        as cordas soarem.
Talvez esteja sentada,
             assim,
                como quem não quer nada.
Só para os convidados,
             para as grandes massas e seu clamor.
Mas seus dedos,
          no auge
            do desespero,
executam indolentes, achincalhando a dor.

Os amigos

E os corvos, estão convidados?!
A folha da porta
fustiga cem vezes os flancos do corredor.
Gargantas esgoeladas
goelas esganiçadas
vem se arrastando a embriaguez-torpor.
A fissura
de uma abertura.
Vozes
velozes em surdina:
"— Aninha[100] —
tão vermelhinha!"
As tortas...
O forno...
O casaco...
Ajuda...
Em torno dos ombrinhos...
Palavras surdas no one-stepante[101] compasso,
e outra vez as palavras através do compasso one-stepante:
"Por que estão tão animados?
Por acaso..."
Misturados...
Novamente a abertura iluminou a frase.
Não dá para entender as palavras —
sobretudo na primeira fase.
Palavras dessa qualidade
(não por maldade):
"Aquele lá quebrou a perna,
mas vamos nos divertir, se deus permitir,
deixe isso pra lá, vamos dançar!".
Sim,

são as suas vozes.
                    Gritos conhecidos.
Reconheci e congelei,
                    aniquilado,
recorto frases nos tipos dos gritos.
Sim —
        são eles —
                    e falam de mim.
Farfalhar.
            Folheiam, parece, partituras.
"Você disse a perna?
                    Que engraçado!"
E novamente
            os brindes entrechocam os copos,
faíscas de vidro espalham-se nos corpos.
E novamente
            o bêbado:
                    "Mas que interessante!
Então quer dizer que ele se partiu em dois?"
"Lamento informá-lo, por mais triste que seja,
mas não se partiu, dizem,
                    ele apenas trincou".
E novamente
            o bater das portas e os crocitos,
e novamente as danças desgastadas sobre o piso.
E novamente,
            ardendo em brasas nas paredes, as estepes
ressoam e suspiram no two-step.[102]

E novamente,/ ardendo em brasas nas paredes, as estepes/ ressoam e suspiram no two-step.

Espero que não seja você

De pé contra a parede.
                    Eu não sou eu.
Que a vida se esfacele na loucura atroz.
Mas não a sua, não a sua
insuportável voz!
Os dias,
           os anos vendi à mesmice,
eu mesmo sufocava com tanta sandice.
Ele
     corroeu a vida com a névoa apartamental.[103]
Chamava:
           decida,
                    da janela
                              pra calçada!
Eu fugia ao apelo da janela aberta,
fugia amando.
                    Seja de correspondência incerta,
sejam apenas versos,
                    apenas passos no escuro —
escrevinha as linhas,
                    e as almas tornam-se minúsculas,
e ama em versos,
                    mas em prosa fico mudo.
E simplesmente não consigo dizer,
                              não sou capaz.
Mas onde, minha querida,
                    onde, minha amada,
onde
       — no meu canto! —
                    eu traí o meu amor?
Aqui

cada som,
              é uma confissão,
                          um apelo.
E somente no canto — nenhuma palavra cancelo.
Lanço-me no gorjeio,
                          pela escala musical
Os olhos em cheio
                    no alvo final!
Orgulhoso de minhas duas pernas,
Não se mexa! — gritarei. —
                          Inteiro! —
Direi:
    — Veja,
              até aqui, minha querida,
destroçando o horror da rotina com minhas canções,
defendo o nome amado,
e te
      poupo
              das minhas próprias maldições.
Venha,
        reaja aos versos com explosão
Percorri todos — estou aqui.
Você: minha única salvação.
Levante!
              Vamos até a ponte! —
Como um touro no matadouro
                          sob a pancada do aço
curvo a minha cachola.
Eu vou me dominar,
                    irei até lá.
Um segundo —
              e darei um passo.

Passos dos versos

Aquele segundo final,
aquele segundo
          virou um início,
o início
      de um bramido fenomenal.
O norte inteiro bramia louco.
              Bramido era pouco.
Pela trepidação do ar,
           pela vibração,
desconfio —
        está sobre Liuban.[104]
Pelo frio,
       ouço a porta bater,
desconfio —
        está sobre Tver.[105]
Pelo rumor —
          que escancara as janelas para mim —
desconfio —
        precipita-se para Klin.[106]
Tempestade em Razumóvskoe.[107] Inundação.
Agora para Nikoláievski,[108]
             a estação.
Tudo de um fôlego só,
e sob os pés
        os degraus
desaparecem,
        começam a boiar,
soerguidos pela espuma do Nevá.
O terror chegou.
          Tomou todo o cérebro de cara,
Tensionando a fileira de nervos

descarregando mais e mais
estourou,
   cravou:
     — Para!
Vim de 7 anos atrás,
de 600 quilômetros,
vim ordenar:
    Não!
Vim mandar:
     Deixa pra lá!
Deixa!
  Não é preciso
     nem palavras,
       nem pedidos
Qual o sentido —
    você
     conseguiria
      sozinho?!
Espero
  a terra desamorada[109]
      reunida,
toda
 a massa humana
    do mundo.
Aqui estou há sete anos,
     e ficarei mais duzentos,
neste eterno tormento,
     pregado aqui de pé nesta espera.
Anos na ponte,
    desprezado,
     ridicularizado,
como redentor do amor terreno,
devo ficar,
   e ficarei por todos,

por todos expiarei,
                    por todos chorarei.

                                        Rotunda[110]

As paredes no two-step estilhaçavam-se
                                        em três,
estilhaçavam-se em quatro tons,
                              em cem...
Eu, parecendo um ancião,
                    em algum Montmartre
trepo —
          pela milésima vez —
                              sobre a mesa.
Há tempos os clientes estão fartos.
Conhecem de antemão
                    toda a ladainha
vou chamá-los
          (nada de novo no fato!)
para ir a algum lugar,
                    salvar alguém.
Para desculpar o abuso
o patrão explica aos clientes:
                              — É russo! —
As mulheres —
              braçadas de carne e de trapos,
caçoam
        esforçando-se para me arrastar
                                      pelas pernas:
"Não vamos.
            Ficou biruta!
Somos prostitutas".

Se o Sena fosse o Nevá!
Com os respingos da futura hora,
na escuridão do Sena[111] começo a vagar,
expulso do agora.
Colossal,
      ridicularizado,
           acossado,
                alquebrado,
nos bulevares
        berro entre os capacetes militares;
— Sob a bandeira vermelha!
           Marchem!
              Sobre o cotidiano!
Através do cérebro do homem!
           Através do coração da mulher! —
Hoje
    me perseguiram
           com extraordinário furor.
E que calor!

Semimorte

Preciso
      ventilar um pouco a cabeça.
Vou,
      vou, aonde me estabeleça.
Embaixo os sargentos-sonoros assobiam.
Garis varrem
        o corpo
           da calçada fria.
Beira o dia.
      Levanto à sombra do Sena,

uma cinza cena de cinema.
Aí está —
      eu os olhava da carteira
            como um colegial —
mapas da França faíscam na lateral.
Da corrente de recordações reminiscentes
rastejava para me despedir
          dos países do Oriente.

Uma estação qualquer

Alcei voo
    e fiquei
        atolado.
Atado pelos farrapos das minhas calças.
Tateei —
     escorregadio
         como uma cebola.
Enorme bola.
       Auridescente.[112]
Sob o bulbo
     o uivo dos sinos.
A noite bordou dentes nas paredes.
Estou sobre Ivan,
o Grande.[113]
As torres do Kremlin como espadas.
Mal se veem assim
       as janelas de Moscou.
Alegria.
     Os pinheiros se transnatalizaram.[114]
Uma onda jorrou para a garganta do Kremlin:
ora uma canção

ora o retinir do espírito de Natal.
Das sete colinas,[115]

despenhou-se no Darial,[116]
Moscou lançou

a festa

como Terek.[117]
Arrepiam-se os cabelos.

Arrasto-me como perereca.
Tenho medo —

se eu der mais um passo em falso,
este

velho

terror do Natal
me redemoinhará

para Miasnítskaia-cadafalso.

Revisão do conteúdo

Os braços em cruz,

em cruz

no topo,
tento me equilibrar,

terríveis gestos.
Noite sem luz,

não vejo um palmo diante do nariz.
Lua.

Sob mim

o Machuk[118] de gelo.
Não há jeito de me equilibrar,
como no domingo de Ramos —

mãos de papelão[119] a balançar.
Vão me ver.

*tento me equilibrar,/
terríveis gestos.*

Aqui sou todo visível.
Olhem —
     o Cáucaso pulula Pinkertons.[120]
Eles me viram.
     Soaram o sinal universal.
Os amados,
     os amigos,
     longa listra de pessoas.
Todo o universo guiado pelo sinal.
Apressam-se para acertar as contas,
     vão os duelistas.
Eriçado,
     dentes arreganhados
     mais e mais...
Cospem nas mãos.
     Com as palmas suculentas,
de mãos cheias,
     com o vento,
     sem piedade,
     incontáveis
bofetadas esfolaram a bochecha.
Galerias —
     espigas de lojas luvosas,
as damas,
     agitando uma fragrância melosa,
tiraram,
     e atiraram as luvas[121] na minha cara,
saltavam na cara as lojas luvosas.
Jornais,
     revistas,
     não olhem feito boçais!
Para ajudar o que voa na minha fuça,
aguça
     os insultos de jornal em jornal.

Boato na boca do estômago!

                  Pegue, calúnia imortal!

E assim sou um mutilado na dor do amor.

Deixem para os seus os baldes de lama.

Eu não vou impedi-los.

                Por que tanto rancor?

Sou só versos,

          sou só alma

E lá embaixo:

          — Não!

               Você é nosso inimigo secular.

Um já foi pego assim —

            um hussardo![122]

Toma pólvora,

          o chumbo da pistola, vem cheirar.

Abre a camisa!

          Não banque o covarde! —

                A última morte

Mais forte que o temporal sem fim,

              mais vívido que o trovão,

sobrancelha contra sobrancelha,

          em uníssono,

de todos os fuzis,

          de todas as baterias de canhão,

de cada mauser e browning,[123]

a uma centena de passos,

          a dez,

            a um par,

à queima-roupa —

          descarga após descarga.

Param para respirar,
e de novo cospem chumbo à larga
Acabem com ele!
                    Chumbo no coração!
Que não sobre nem um tremor!
No final das contas —
                              tudo tem um fim.
Até o tremor acaba.

                                    O que restou

Acabou a carnificina.
                    A alegria está completa.
Saboreando detalhes, dispersaram-se lentos.
Só sobre o Kremlin,
                    os farrapos do poeta
como bandeira vermelha brilhavam ao vento.[124]
E o céu
        como antes
                    estrela-se[125] de lírica.
A constelação celeste
                    admirada fica —
a Ursa Maior trovadorou-se.[126]
Por quê?
            Para ser a rainha dos poetas?
Ursa Maior,
            leve-me pelas eras-Ararates[127]
pelo dilúvio do céu
                    como uma arca-concha!
A bordo
            nave sideral
                        irmão ursesco

garganteio versos no rumor universal.
Rápido!
      Rápido!
            Apresse o passo!
Para o espaço!
      Atento!
O sol ilumina as montanhas.
Os dias sorriem do cais neste momento.

PETIÇÃO ENDEREÇADA A...
Peço-lhe, camarada químico,
preencha o senhor mesmo!

Ancora a arca.
              Raios, para cá!
Cais.
    Ei!
          Jogue um cabo!
E acabo
      de sentir com os ombros
o peso dos peitoris de pedra.
O sol
      secou a noite do dilúvio com seu calor.
Na janela,
        encontro o dia com ardor.
Do globo somente — o monte Kilimanjaro.
Do mapa africano somente — o Quênia.
O globo é uma cabeça calva.
Eu sobre o globo
            me englobo de dor.
O mundo
      gostaria
            de patabraçar[128] os peitos-montanhas
neste monte de dor.
Para que dos polos,
         por todas as moradias,
role a lava pétrea-derretida,
é assim que eu gostaria de cair no choro,

urso-comunista.
Meu pai
            é um nobre de quatro costados,
a pele das minhas mãos é terna
Talvez,
        beba os dias com versos num trago,
e sem nunca ter visto um torno.
Mas com a minha respiração,
                    com as batidas do coração,
                            com a voz,
com cada ponta de cabelo
                arrepiado de medo,
com os buracos das narinas,
                    com os pregos dos olhos,
com os dentes arreganhados na rosnadura ferina,
porcoespinho[129] a pele,
                com as sobrancelhas unidas em ira,
com um trilhão de poros,
                literalmente —
                        com todos os poros
no outono,
        no inverno,
                na primavera,
                        no verão,
de dia,
        no sono
não aceitarei,
            odeio isto tudo.
Tudo
    o que em nós
                está cravado pelo passado de escravidão,
tudo,
    enxame mesquinho
estabelecido

e entranhado no dia a dia
até no nosso
            regime bandeirrubro.[130]
Não darei o gostinho
de ver
        que calei meus versos com um tiro.
Não cantarão tão cedo
o réquiem ao meu talento.
Podem me matar
                emboscada na esquina
                            com uma faca talvez.
Os D'Anthès[131] não mirarão a minha fronte.
Quatro vezes envelheço — quatro vezes rejuvenesço,
até que a morte me apareça defronte.
Onde quer que eu morra,
                        morrerei cantando.
Em qualquer buraco enterrado,
sei —
        com mérito estarei deitado
com os tombados sob a bandeira vermelha.
Mas seja qual for a minha sorte —
                            a morte é a morte.
Terrível — não amar,
                    terror — não ousar.
Por todos — uma bala,
                    por todos — uma faca.
E para mim, quando será minha vez?
                            E para mim o quê, então?
Talvez,
        lá nas profundezas da infância,
encontrarei
            dez dias suportáveis.
E eles?![132]
        Queria o mesmo destino para mim!

Quatro vezes envelheço —
quatro vezes rejuvenesço

Mas não.
       Vejam —
              não tenho a mesma sorte!
Se eu acreditasse no além!
                Fácil viagem experimental.
Basta
      apenas estender a mão —
a bala,
      num piscar de olhos,
              traça retumbante
o caminho mortal.
O que posso fazer,
          se eu
            com toda a pressão,
com a plenitude do coração,
nesta vida,
neste
    mundo
        tinha
          e tenho fé.

                                  Fé

Prolonga a espera se é a sua intenção —
vejo claro,
      claro até a alucinação.
A tal ponto que,
      tenho a sensação —
          somente me soltando dessa rima,
irrompo
      pelo verso
         na vida sonhada.

Eu me pergunto —
                    é esta?
                              É aquela?!
Vejo,
        vejo claro e detalhado.
Ar no ar,
            pedra sobre pedra,
inacessível ao perecível e à podridão,
irradiante
            eleva-se sobre os séculos
a oficina humana da ressurreição.[133]
Ali está ele,
                o genial
                    tranquilo químico,[134]
diante da experiência franziu a testa.
Do livro —
            "Toda a terra"
                        um nome desenterra.
Século XX.
            Quem ressuscitar?
— Tem o Maiakóvski aqui...
                    Procuremos alguém mais brilhante —
o poeta não é belo o bastante. —
Eu gritarei
            daqui mesmo,
                        da página atual:
Não vire a página!
                    Ressuscite-me!

Esperança

Põe dentro de mim um coração!
                    Supersangue[135] —
                              até as últimas veias.
No crânio, crave o pensamento-arpão!
Não vivi meu montante de vida terrena,
na terra
          não amei o bastante.
Tinha 2 metros de altura.
                         De que me serviu essa altura?
Uma pulga teria mais arrojo.
Rangendo a pena no quarto em clausura,
dobrado feito óculos no quarto-estojo.[136]
O que quiserem, vou fazer de graça —
limpar,
        lavar,
              vigiar,
                     correr pra lá e pra cá,
                                          varrer.
Eu posso servi-los
                  ao menos como zelador.
Vocês têm zeladores?
Eu era alegre —
               que sentido tem ser alegre,
se não tem saída a nossa dor?
Atualmente,
           se mostram os dentes,
é só para atacar,
                para rosnar.
A qualquer momento —
                    sofrimento
                              ou falta de alegria...

Pode me chamar!

        Uma piada vem sempre a calhar.

Eu, com charadas de hipérboles,

            alegorias,

vou diverti-los,

      brincando com os versos.

Eu amei...

     Não vale a pena revirar o passado.

Dói?

   Assim seja...

        Viva e valorize a dor.

Eu amo também os animais —

          vocês

           têm

zoológicos?[137]

     Posso ser o tratador?

Eu amo os animais.

      Se vejo um cãozinho lá fora —

lá perto da padaria tem um —

        pelado, com fome, —

estou disposto

    a arrancar meu próprio fígado na hora.

Não faz mal, querido,

    come!

           O amor

Talvez,

   quem sabe,

      um dia,

        por uma alameda,

ela —

que amava os animais —
também entrará no zoológico,
sorrindo,
assim
como está lá na foto sobre a mesa.[138]
Ela é bela —
na certa vão ressuscitá-la.
O seu
século XXX
superará o bando
de bagatelas que dilaceram o coração.
Nosso amor incompleto
preencheremos
nas noites inumeráveis com estrelas.
Ressuscite-me
nem que seja
porque
sou poeta
e te esperava,
recusando o absurdo usual.
Ressuscite-me
que seja só por isto!
Ressuscite-me —
quero viver a vida até o final!
Para que o amor não seja escravo
de casamento,
luxúria,
pão.
Maldizendo as camas,
erguendo-se do estrado,
para que o amor preencha a imensidão.
Para que no dia,
em que envelhecer de dor,
não suplique como mendigo.

*ela —/ que amava os animais —/
também entrará no zoológico*

Para que
      ao primeiro grito:
                    — Camarada! —
a terra atenda num giro.
Para não
      viver pelos buracos da morada.
Para que
      a família
          seja,
              após essa era que se encerra,
o pai,
   no mínimo o mundo,
a mãe — no mínimo a terra.

NOTAS AO POEMA

[1] O título remete a uma expressão empregada por Raskólnikov, protagonista do romance *Crime e castigo* (1866), de Fiódor Dostoiévski, quando se refere ao assassinato da velha usurária. O assassino emprega o pronome demonstrativo *éto*, em português "isto, isso", para evitar a abordagem direta de seu crime. Apenas no final do poema de Maiakóvski aparece explicitamente a palavra *liubov'*, "amor". Defendendo uma revolução também nas relações amorosas e apontando para o desgaste do tema na poesia, o poeta reconstrói ao longo do poema narrativo o caminho para a revelação de uma nova forma de amar, menos egoísta e mais solidária.

[2] Primeira das muitas referências a animais do poema: esquilo, porco, urso, frango, galinha, pinto, aranha, rã, porco-espinho e cachorro compõem um verdadeiro bestiário. Ripellino nota que "na obra de Maiakóvski os animais voltam com frequência". Cf. A. M. Ripellino, *Maiakóvski e o teatro de vanguarda*, São Paulo, Perspectiva, 1971, p. 182. Jakobson comenta que "o terrestre eterno é o sonho de Maiakóvski [...] e sua expressão máxima é o culto sincero aos animais e à sua sabedoria". Cf. Roman Jakobson, *A geração que esbanjou seus poetas*, São Paulo, Cosac Naify, 2006, p. 33.

[3] Há diversas alusões religiosas e mitológicas no poema. Além de Buda, nessa mesma seção faz-se uma referência ao deus romano da guerra, Marte. Deus aparece sempre grafado com inicial minúscula e pertencente ao discurso da família burguesa. Jesus também é mencionado mais adiante, mas no poema ele é, na verdade, um Komsomol (ver nota 65). Segundo Schnaiderman, "a tradição religiosa ocorre aí com muita frequência e mesmo quando ele zomba dessa tradição, zomba com pleno conhecimento da matéria". Cf. Boris Schnaiderman, *A poética de Maiakóvski*, São Paulo, Perspectiva, 1971, p. 48. O elemento religioso é muito forte, ainda que de forma blasfema. A luta com Deus é um dos temas do-

minantes da obra do poeta. As "figuras, acontecimentos, parábolas da Bíblia recorrem em seu canto com insistência obsessiva", sobretudo nas peças *Vladímir Maiakóvski, uma tragédia* (1913) e *Mistério-bufo* (1918-1921) e nos poemas *Nuvem de calças* (1915), *O homem* (1916-1917) e *Sobre isto* (1923). Cf. Ripellino, *op. cit.*, p. 52.

[4] O termo *noj*, "faca", é empregado inúmeras vezes em *Sobre isto*. Parece ser uma referência ao poema *Balada da prisão de Reading*, de Oscar Wilde, título da próxima seção. Sobre tal relação, ver nota 19. Há menção a outras armas, como fuzis, pistolas e canhões.

[5] Na mitologia romana, Marte é o deus da guerra. No panteão grego chamava-se Ares. Na *Odisseia*, de Homero, Ares mantinha uma relação adúltera com Afrodite, a deusa da beleza e do amor na mitologia grega (Vênus entre os romanos). A união do amor e da guerra foi um tema muito explorado na arte, a exemplo da pintura *Vênus e Marte*, de Botticelli.

[6] O termo original é, na verdade, um neologismo, *serdtseliúdy*, fusão de *sérdtse*, "coração", e *liúdi*, "pessoas", algo como "pessoa que tem um coração".

[7] No original temos *pridiót*, "chegará", "virá". Vários verbos desta seção estão no aspecto perfectivo da língua russa, denotando o futuro. Por questões de sonoridade e preservação do tom do texto, fluido em russo, decidimos empregar o presente do indicativo, que em português também é capaz de expressar uma ação futura iminente.

[8] O verbo *skrebí* significa "arranhar". "Arranhar o papel" pode ser interpretado como "escrevinhar", escrever tolices ou escrever mal. Talvez o mutilado seja aquele que não consegue dominar as palavras e pode apenas arranhar o papel. Preferimos "fira" para manter o som "i" insistente no original.

[9] *Riabít'*, "reflete", "rebate". Optamos por "rebate", pois além de ser um termo também empregado para referir-se à luz, possui uma conotação de desafio que "refletir" não tem; como se as linhas da poesia voltassem para o sol e lhe dessem uma resposta. O sol é uma imagem recorrente na poesia de Maiakóvski, como no diálogo com o astro em *A extraordinária aventura vivida por Vladímir Maiakóvski no verão na datcha* (ver *Maiakóvski — Poemas*, tradução de Augusto de Campos, Haroldo de Campos e Boris Schnaiderman, São Paulo, Perspectiva, 2003, p. 87). Pode-

-se pensar numa relação de enfrentamento e questionamento da literatura russa canônica: Púchkin era considerado o "sol" da poesia russa.

[10] Alusão aos bilhetes que Maiakóvski e Lília Brik trocavam, por intermédio de sua cozinheira, durante o período de separação em que foi composto o poema. Cf. o anexo "Cartas de Maiakóvski e Lília Brik".

[11] *Ístina* é um termo de difícil tradução. Seria algo como "verdade absoluta", optamos por "pura", pois não fere o sentido e se coaduna com a solução dada à tradução de *krasotá*, "beleza" como "formosura" mais adiante. Apesar de não haver rima no original entre os dois termos, há rima com termos próximos.

[12] Em russo *perekládnoi kísti raskísteny*, "palmas espalmadas como viga". Criamos o neologismo "viguespalmadas", inexistente no original, para compensar perdas em outras passagens.

[13] Alusão à cartilha de alfabetização. O tema é tão complexo que desgastará o alfabeto e transformará até o abecedário em algo difícil.

[14] O monte Kazbek é um dos maiores do Cáucaso, com 5.047 metros de altura. Localiza-se na Geórgia, terra natal de Maiakóvski, perto da fronteira com a Rússia. É um elemento muito presente em mitos e tradições locais. Seu nome em georgiano significa "montanha de gelo", referência importante no poema. R. D. B. Thomson analisa a recorrência da imagem das montanhas em Maiakóvski e a relaciona com a questão temporal. Em primeiro lugar, as montanhas impõem um limite ao alcance da visão, um paralelo com a perda das perspectivas em relação ao futuro. Em segundo, simbolizam os percalços no caminho a trilhar em direção ao porvir. Somente o poeta é capaz de ultrapassar a obstrução e ver além das montanhas: ora ele atinge proporções hiperbólicas, ora é capaz de voar, ora ocupa o lugar do sol e se torna onisciente. Cf. R. D. B. Thomson, "Mayakovsky and His Time Imagery", *The Slavonic and East European Review*, vol. 48, n° 111, abr. 1970, pp. 181-200, Londres, Modern Humanities Research Association/University College London, School of Slavonic and East European Studies Stable, <http://www.jstor.org/stable/4206198>, último acesso em 22/9/2011, p. 185.

[15] Optamos pela alternância das formas de tratamento "tu" e "você" para ressaltar a polifonia do poema. Nesta seção, o "tema" emprega "tu", mais altissonante, enquanto o eu-lírico interpela o leitor com "vo-

cê", mais corrente, como era a linguagem de Maiakóvski. Aliás, a colocação pronominal e a formação do modo imperativo ao longo do poema nortearam-se mais pelo tom de oralidade do que pelos preceitos da gramática normativa.

[16] Neologismo *krasnochiolkii*, formado a partir de *krasny*, "vermelho", "escarlate", e *chiolk*, "seda". Optamos por escarlate para rimar com estandarte no verso anterior, o que porta a bandeira (*znamenostsem*).

[17] Neologismo *molotoboets*, "martelo" e "lutador".

[18] O termo *lbov*, "fronte", prenuncia, com a sonoridade, o tema que não é dito, *liubov'*, "amor". Na incapacidade de recuperar tal jogo em português, optamos por um termo que rimasse com amor e expressasse o sofrimento. Cada verso é tão doloroso quanto chocar a cabeça em desespero contra a parede.

[19] *The Ballad of Reading Gaol* é a única obra de Oscar Wilde no período entre a sua prisão em 1885 e sua morte no exílio em 1900. O poema fala sobre um prisioneiro condenado por haver assassinado a amada por ciúme. Maiakóvski teria ficado muito impressionado com o poema, que lera em russo, traduzido pelo poeta V. Briússov. O tema é o assassinato da pessoa amada, como ilustra o trecho abaixo:

> Yet each man kills the thing he loves
> By each let this be heard,
> Some do it with a bitter look,
> Some with a flattering word,
> The coward does it with a kiss,
> The brave man with a sword!
>
> Some kill their love when they are young,
> And some when they are old;
> Some strangle with the hands of Lust,
> Some with the hands of Gold:
> The kindest use a knife, because
> The dead so soon grow cold.

Na carta de Maiakóvski a Lília Brik de 19 de janeiro de 1923 (ver pp. 152-4 deste volume), durante o período de confinamento e separação, ele escreveu no cabeçalho "Moscou. Prisão de Reading" e assinou com o habitual desenho de um cachorrinho, mas desta vez atrás das grades e com a seguinte legenda:

Teu cãozinho
que é também Oscar Wilde
que é também o prisioneiro de Chillon
que é também:
estou preso — atrás das grades, no cárcere [...]

The prisoner of Chillon (1816) é um poema narrativo do escritor inglês romântico Lord Byron sobre o cárcere de François Bonivard, de 1532 a 1536.

[20] Rio de 74 quilômetros de comprimento, no noroeste da Rússia, cuja nascente localiza-se no lago Ládoga e foz no golfo da Finlândia. Atravessa a cidade de São Petersburgo.

[21] Trata-se de um longo poema de Maiakóvski, de 1916-1917. A epígrafe foi extraída da penúltima parte, intitulada "Maiakóvski pelos séculos". A referência à sua própria obra é comum nos seus poemas, como aponta Jakobson em *A geração que esbanjou seus poetas*, p. 13:

"A obra poética de Maiakóvski, desde os primeiros versos em *Bofetada no gosto público* até as últimas linhas, é única e indivisível. É o desenvolvimento dialético de um único tema. Um sistema simbólico extremamente unificado. O símbolo, lançado uma vez como alusão, desdobra-se e mostra-se em seguida sob perspectiva diferente. Por vezes, o próprio poeta realça precisamente essa relação entre seus poemas, por meio de referências a obras anteriores (no poema *Sobre isto* [1923], por exemplo, ele remete a *O homem* [1916], e daí aos poemas líricos iniciais)."

A relação do Maiakóvski de *Sobre isto* e o de "sete anos antes" é motivo dominante no poema, no qual diversos elementos são retomados: o suicídio, o rio Nevá, a ponte, a bala e a lâmina, o gelo e o calor, o ciúme...

[22] A balada é uma forma popular, muito empregada em poemas narrativos.

[23] Rua de Moscou onde morava Maiakóvski. Lá ele ficou enclausurado durante os dois meses de separação, compondo *Sobre isto*. Atualmente é o Museu Maiakóvski. São inúmeras as referências a endereços, cidades e elementos geográficos no poema. Maiakóvski reconstrói com precisão os trajetos do poema.

Notas ao poema

[24] Rua de Moscou, endereço de Lília e Óssip Brik.

[25] A separação de Lília Brik e o consequente isolamento do poeta começaram em 28 de dezembro de 1922, à época do Natal. Segundo Thomson, a primeira versão apresentava como referência temporal o Ano--Novo. O poeta teria modificado a data para a noite de Natal salientando, assim, seu ódio às tradições burguesas e religiosas. Cf. R. D. B. Thomson, *op. cit.*, p. 194.

[26] Os dois raios vermelhos cruzados eram o símbolo da companhia telefônica sueca Ericsson.

[27] Verbo *omólnili*, formado a partir do prefixo *o-*, "ao redor", e do substantivo *mólnia*, "raio".

[28] A personificação é um tropo recorrente na poesia de Maiakóvski. Ela é responsável pelo esmaecimento das fronteiras entre seres animados e inanimados. Em "O teatro de Maiakóvski: mistério ou bufo?", Arlete Cavaliere aponta a conflituosa convivência entre seres reificados e objetos estranhos, "prontos a se sublevar contra os homens" na peça *Vladímir Maiakóvski, uma tragédia*. Tal motivo reaparece em outras obras. Cf. Arlete Cavaliere, "O teatro de Maiakóvski: mistério ou bufo?", em *Teatro russo: percurso para um estudo da paródia e do grotesco*, São Paulo, Humanitas, 2009, p. 275.

[29] Referência a um fato real, segundo um bilhete da primeira quinzena de fevereiro de 1923, enviado por Lília: "Doce Volódenka, estou doente. Febre de 38,1. Estou de cama. Como está a sua saúde?".

[30] Rua no trajeto entre o apartamento de Maiakóvski e o dos Brik.

[31] Número real do telefone de Lília Brik.

[32] Há um jogo duplo entre a carne ("pernil de porco" no original) e o corpo feminino.

[33] O correio central localizava-se na rua Miasnítskaia, em Moscou.

[34] A cozinheira da casa dos Brik era Anna F. Gubanova, retomada adiante como "Aninha" (Ánnuchka no original). Ela aparece em uma das fotomontagens de Aleksandr Ródtchenko (ver p. 28).

[35] Tratamento mais informal do nome e patronímico de Maiakóvski, Vladímir Vladimírovitch.

[36] Referência ao duelo mortal entre Púchkin e o suposto amante de sua esposa, o oficial francês Georges D'Anthès, em 1837.

[37] *troglodítch'ei*: adjetivo criado a partir do substantivo *troglodít*, "troglodita".

[38] No original "VTSIK", abreviação de "Comitê Executivo Central do Soviete Panrusso", departamento especial do governo no início da União Soviética.

[39] Referência ao Programa de Erfurt do Partido Social-Democrata alemão, aprovado em outubro de 1891, durante um congresso na cidade homônima da Alemanha. O programa declarou a morte do capitalismo e reiterou a supressão da propriedade privada dos meios de produção.

[40] No original, *Izvéstiia*, jornal com o qual Maiakóvski colaborava, um dos mais importantes da URSS. Optamos por "jornal" para garantir a rima com "estival", alguns versos antes.

[41] Neologismo *razmedvédil*, formado por *raz*, prefixo que denota transformação, e o verbo *medvédit'*, "ursar", criado a partir do substantivo *medvéd'*, "urso" em português.

[42] Cf. N. Khardjiev, "Images d'un bestiaire", em N. Khardjiev e V. Trenine, *La culture poétique de Maïakovski*, Lausanne, L'Âge d'Homme, 1982, pp. 280-1. A primeira metamorfose aparece no poema satírico *E assim tornei-me um cachorro* (1915), em que "o poeta, perseguido pela sociedade burguesa e vulgar que o cerca, transforma-se subitamente em cachorro". Ele prossegue: "encontramos metamorfoses fantásticas do poeta nas seguintes obras — 1917: *À Rússia* (um avestruz); 1922: *A Quinta Internacional* (um homem-ganso [...]); e no poema de 1923, *Sobre isto* (o homem-urso)". Ripellino também aponta essas e outras transformações "em *Rossii* [*À Rússia*, 1916], num avestruz azul com plumas de estrofes, de métricas e ritmos; em *Piáti Internatsional* [*A Quinta Internacional*, 1922], num fabuloso 'homem palmípede', e no poema *Pro éto* [*Sobre isto*, 1923], [...], num urso". Cf. Ripellino, *op. cit.*, p. 182.
Segundo Jangfeldt, a referência da metamorfose é o poema *Parque de Lili*, de Goethe, dedicado a Lili Schönemann. Cf. B. Jangfeldt, *La vie*

Notas ao poema

en jeu, Paris, Albin Michel, 2010, p. 246. No poema, Lili é uma fada que cuida de um jardim zoológico. Seu maior admirador é um urso selvagem que a observa e idolatra da floresta. Lili domina e aprisiona o urso apaixonado. A imagem do urso repete-se na própria obra de Maiakóvski, por exemplo, no poema *Jubileu* (1924).

[43] Balchin era o sobrenome de um vizinho de Maiakóvski na passagem Lubiánski.

[44] Introduzimos o neologismo "ursamente" no lugar de "como aqueles [ursos]" (*kak te*) para garantir a rima, prevista nos manuscritos, com *kagtei*, "unhas", transformado na expressão "unhas e dentes".

[45] No original, neologismo *vzmedvéditsa*. O prefixo *vz* pode significar elevação. *Medvéd* remete a "urso" (ver nota 41).

[46] A água é um elemento recorrente na obra de Maiakóvski, por exemplo, o dilúvio em *Mistério-bufo*. Os cataclismos têm a conotação de uma revolução.

[47] Optamos pela unidade de medida "quilômetro" em vez da russa "versta", antiga medida itinerária russa, equivalente a 1.067 metros.

[48] Maior lago europeu, cuja área total é de 17.700 km². Situa-se na República da Carélia, no noroeste da Rússia, próximo à fronteira com a Finlândia.

[49] Neologismo *likhorádius'*, verbo formado a partir do substantivo *likhorádka*, "febre".

[50] O "homem de sete anos atrás" é o próprio Maiakóvski no poema *O homem* (1916-1917).

[51] Adjetivo criado a partir do numeral "cem", *sto*, e do substantivo "andares", *etájnyi*.

[52] O poeta encontra seu duplo: ele mesmo sete anos antes. A passagem remete à novela *O duplo*, de Dostoiévski, influenciado por Gógol ("O capote" e "O nariz"). O protagonista Goliádkin, rechaçado da festa de seus superiores, vaga atarantado pelas ruas de São Petersburgo e tem visões do seu duplo perseguidor em uma ponte sobre o rio Nevá. De acordo

com André Green, o desejo de aniquilamento desencadeia a aparição do duplo, pois "a fragilidade da unidade ameaçada cria sua réplica como um remédio". Cf. André Green, "Préface", em Fédor Dostoïevski, *Le double*, Paris, Folio, 2006, p. 23.

[53] Referência à novela *Felicidade conjugal* (1859), de Lev Tolstói (edição brasileira: São Paulo, Editora 34, 2009, tradução, posfácio e notas de Boris Schnaiderman).

[54] Como exposto anteriormente, é proposital o uso alternado do pronome oblíquo da segunda pessoa do singular e o pronome "você", como é comum ocorrer no registro oral no Brasil.

[55] No original *Ispolkom*: o VTSIK, conforme nota 38.

[56] Referência a "Notch péred Rojdestvóm" ("Noite de Natal", 1832), de Gógol (ver *O capote e outras histórias*, tradução de Paulo Bezerra, São Paulo, Editora 34, 2011, pp. 105-59). Esta obra insere-se na tradição dos *sviátki*, contos ambientados no período do Natal. A narrativa de Maiakóvski passa-se no Natal de 1922, justamente quando se separou de Lília Brik e iniciou a composição do poema. *Sobre isto* compartilha com a novela de Gógol o ambiente natalício e outras características dos *sviátki*, tais como os sonhos, os fatos insólitos e fantásticos e as catástrofes naturais. Outro mestre do gênero foi Nikolai Leskov (1831-1895).

[57] Mais uma referência ao universo gogoliano e aos *sviátki*. No artigo "Gogol dans la poésie de Maïakovski", Khardjiev afirma que Gógol é um dos clássicos mais retomados por Maiakóvski, especialmente nos poemas longos. Segundo o crítico, Maiakóvski transforma ou desenvolve as imagens de Gógol, de quem se aproxima não apenas pela veia satírica, mas também pela inovação:

> "Maiakóvski apreciava nas obras de Gógol a visão poética do mundo exterior, uma língua saturada de folclore e de neologismos de uma grande riqueza expressiva, o caráter hiperbólico das comparações e o aspecto inesperado das metáforas, a dualidade dos planos em um estilo em que se mesclam o cômico e o trágico, a profusão de variedades das entonações e dos heróis que falam cada um a sua própria língua."

Khardjiev também cita o artigo de Andrei Biéli, "Gogol et Maïakovski", em *La maîtrise de Gogol*), que retrata as relações entre as imagens hiperbólicas de ambos e a convergência de alguns de seus princípios de criação de novas palavras (ver N. Khardjiev, *op. cit.*, pp. 250-6).

[58] No original, versos em semi-linhas, *Gren lap liub-landiia*. Na tradução "Groen/ is/ amor-lândia" não se recupera totalmente o jogo feito pelo poeta. Primeiro ele refere-se à Groenlândia, em seguida relaciona Lapônia (*Laplandiia*, em russo) e *lap*, "pata" (do urso). Em português não encontramos uma solução que reproduzisse o efeito de um nome de país glacial terminado em "lândia" e que remetesse a animal. Optamos por "is", para remeter à Islândia. O topônimo Liublândia aparece no roteiro cinematográfico *Acorrentada pelo filme*, escrito por Maiakóvski em 1918 e dedicado a Lília. O filme fala do amor não correspondido e, na última cena, o protagonista aparece num trem rumo à Liublândia, ou "terra do amor", onde mora a sua amada.

Outra solução, "pata-mor-gônia" recuperaria "pata", a referência a uma "terra gelada", a palavra "amor", mas perderia a precisão geográfica — usual em Maiakóvski —, e o sufixo "lândia". Uma terceira solução ficaria geograficamente mais próxima do original, rimaria com "nevasca" alguns versos antes, mas não contemplaria dois países, nem recuperaria o viés animal: "a — mor — lasca".

[59] Grande parque moscovita, próximo à rua Tver, ulteriormente nomeada rua Górki, artéria norte-sul de Moscou.

[60] Campo nos arredores de Moscou onde se realizavam festas e reuniões. Foi o palco de uma grande tragédia em 18 de maio de 1896, durante a celebração da coroação de Nicolau II. O público excessivamente numeroso e a falta de organização do evento levaram cerca de 1.500 pessoas à morte.

[61] Rua central de Moscou.

[62] Trata-se da rua Bolcháia Sodóvaia, em Moscou.

[63] "Nova Política Econômica" implementada por Lênin em 1921, cujo objetivo era introduzir algumas práticas capitalistas no regime socialista visando incentivar a economia soviética. Maiakóvski denunciou a corrupção crescente e o reaburguesamento da sociedade engendrados por essas medidas.

[64] Referência ao poema *Os doze* (1918), de Aleksandr Blok (1880-1921).

[65] Abreviação de *Kommunístitcheskii Soiúz Molodióji*, "União da Juventude Comunista", a organização juvenil do Partido Comunista da União Soviética, criada em 1918. O termo é usado também para designar seus membros. A filiação era permitida dos 14 aos 28 anos e o objetivo era difundir os valores do Partido Comunista entre os jovens. Era a porta de entrada da política soviética.

[66] A romança é um tipo de poema lírico curto, de tema amoroso, composto para acompanhamento vocal e musical. Na Rússia, a romança surgiu no lastro das tendências românticas da primeira metade do século XIX. Na romança russa são muito comuns os motivos ciganos. Segundo Boris Schnaiderman, a romança estava "muito em voga na Rússia até o começo do século XX". Cf. Boris Schnaiderman, *Os escombros e o mito*, São Paulo, Companhia das Letras, 1997, p. 226.

Nas notas à tradução de *Sobre isto*, Herbert Marshall afirma que:

> "Os grupos musicais ciganos eram a maior expressão da nostalgia pelo passado, bem como uma tentativa de esquecer o presente no período revolucionário. Durante o período da NEP grupos e casas noturnas floresceram novamente em Moscou e Leningrado [São Petersburgo], etc."

Cf. Herbert Marshall, *About this*, em *Mayakovsky*, Londres, Dennis Dobson, 1965, nota de rodapé, p. 224.

Khardjiev e Trenin salientam o efeito derrisório que o termo "romança" lança sobre o tema do suicídio que se desenrola nesta seção. Cf. N. Khardjiev e V. Trenine, "Le travail de Maïakovski sur le poème *De ce ci*", em Khardjiev e Trenine, *op. cit.*, p. 246.

[67] O tema do suicídio é recorrente em Maiakóvski. Aparece em *Nuvem de calças* e *O homem*. Em *Sobre isto* é um jovem Komsomol que se mata. Sete anos depois, em 1930, Maiakóvski recupera a frase "não culpem ninguém" na sua carta de despedida. Cf. Bengt Jangfeldt, *op. cit.*, p. 531.

[68] Rua onde moravam a mãe e as irmãs de Maiakóvski, situada em um bairro popular de mesmo nome perto do centro da capital.

[69] Discurso semelhante ao de Prissípkin no final da peça *O perceve-jo* (1928), de Maiakóvski.

[70] Distância aproximada entre Moscou e São Petersburgo.

[71] Na obra de Maiakóvski, o chá é o símbolo da vida pequeno-burguesa ritualizada.

[72] Aleksandra Aleksiéievna, nome e patronímico da mãe de Maiakóvski. Nesta passagem o nome aparece infantilizado, "Al'sandra Al'seievna", reproduzindo a pronúncia de uma criança.

[73] Rio da Europa Central, com 885 quilômetros de comprimento, cuja nascente se localiza no maciço da Boêmia, na República Tcheca, e foz no mar Báltico. Serve de fronteira entre a Polônia e a Alemanha.

[74] Cidade no noroeste da Polônia às margens do rio Oder. Terra natal da tsarina Catarina II.

[75] Distrito de Moscou, palco do ponto culminante da Revolução de 1905.

[76] Rua e praça próximas do centro de Moscou. Havia um arranha-céu homônimo no trajeto do apartamento de Maiakóvski à casa de sua mãe.

[77] Verbo *strezviét'*, criado a partir de *trezviét'*, "tornar-se sóbrio", precedido do prefixo *s-*, "para fora, longe". Na tradução do neologismo, empregamos o prefixo "en-" que denota "movimento para dentro". O movimento exógeno e a coloquialidade do registro foram garantidos pela expressão "se mandou", empregada logo em seguida.

[78] Referência a *Alegria inesperada* (1907), segundo livro do poeta Aleksandr Blok, responsável por sua popularização.

[79] Essa passagem é comentada por Roman Jakobson. Segundo ele, em *Sobre isto*, fica clara a luta do poeta contra a vida cotidiana e o embate do "eu" e do "não eu". Cf. R. Jakobson, *op. cit.*, p. 18. Os "sem rostos" são as pessoas conhecidas envolvidas nas teias de aranha da inércia do dia a dia.

[80] Trata-se, provavelmente, de um soldado da Guarda Vermelha. Segundo nota da tradução de Herbert Marshall para *About this*, durante o período da guerra civil, os moradores dos apartamentos acomodavam um oficial soviético como garantia de certa proteção. Cf. Herbert Marshall, *op. cit.*, nota de rodapé, p. 188.

[81] No poema, o duplo é o "eu" convencional do poeta, acomodado na estabilidade e no individualismo, aquele que ele não deseja ser e cuja postura ele refuta.

[82] O inseto daria título, anos mais tarde, à obra-prima da dramaturgia de Maiakóvski, *O percevejo*. A peça, escrita em 1928 e encenada em 1929, apresenta uma visão crítica do futuro do socialismo e retrabalha vários elementos de *Sobre isto*. Ela marca a "tomada de consciência sobre o momento vivido então pela Rússia, com a consolidação do sistema stalinista e a eliminação de quaisquer vozes divergentes". Na peça encontram-se os "elementos típicos do teatro de Maiakóvski: o espetacular, o circense, o sarcasmo feroz, neste caso dirigido contra o aburguesamento e a kitschização suscitados pela NEP [...] e contra o ambiente que se criara, marcado pelo consumismo desenfreado". Cf. o posfácio de Boris Schnaiderman a Vladímir Maiakóvski, *O percevejo*, tradução de Luís Antonio Martinez Corrêa, São Paulo, Editora 34, 2009, pp. 85-6.
O *percevejo* e *Os banhos* (1929) inserem-se num "contexto de perplexidade diante de um gradativo esvaziamento dos ideais revolucionários em todos os setores da vida russa na década de 1920, particularmente no âmbito da literatura e das artes". Cf. Arlete Cavaliere, *op. cit.*, p. 273.

[83] Outra possível referência à novela *A noite de Natal*, de Nikolai Gógol. No início da narrativa aparece uma "bruxa montada na vassoura" roubando as estrelas. A bruxa é um elemento muito comum nos folclores russo e ucraniano.

[84] O rio Ienissei, com 4.093 quilômetros de extensão, é um dos maiores rios da Sibéria, ao lado do Ob e do Lena. Nasce na Mongólia e desemboca no Oceano Ártico.

[85] O rio Ob é o quarto maior do país, com 3.650 quilômetros. A nascente localiza-se nos montes Altai e a foz, no mar de Kara.

[86] Gerúndio a partir do prefixo *vy-*, "movimento para fora" e o som do sino *zvonia*, "badalando". Neologismo *lirovo*, "à moda da lira".

Notas ao poema

[87] Alusão à peça *Mistério-bufo*. A primeira versão foi escrita e encenada em 1918; a segunda, retrabalhada, estreou em 1921. Considerada a primeira peça soviética, ambas as versões foram duramente criticadas pela "tendência demasiado política e o caráter debochado do espetáculo". Cf. Arlete Cavaliere, *op. cit.*, p. 279. A peça tem edição brasileira: Vladímir Maiakóvski, *Mistério-bufo*, tradução, posfácio e notas de Arlete Cavaliere, São Paulo, Editora 34, 2012.

[88] Maiakóvski faz um jogo com *most*, "ponte", aquela sobre o Nevá onde se dá o primeiro encontro com o duplo, e o nome de uma rua em Moscou, *Kuzniétskii Most*, rua Ponte Kuzniétski. É uma das mais antigas ruas de Moscou, localizada no centro, entre a Bolcháia Dmítrovka e a Lubiánka. Deve seu nome a uma ponte construída no século XVII e demolida no início do XIX. Sinônimo de sofisticação e modernidade, nela instalaram-se os primeiros candeeiros a gás e, mais tarde, a iluminação elétrica e a primeira central telefônica de Moscou. Passou a ser o centro financeiro da capital na segunda metade do século XIX. Símbolo da influência francesa, contava com inúmeras lojas de luxo de proprietários estrangeiros. Após a revolução de 1917, as lojas foram fechadas, mas com a NEP algumas reabriram.

[89] Jogo para duas pessoas, cujo objetivo é obter 66 pontos a partir de combinações específicas de cartas.

[90] Arnold Böcklin (1827-1901), pintor simbolista suíço. No princípio pintor de paisagens, introduziu gradualmente temas mitológicos e alegóricos em suas telas, que apresentam com frequência uma obsessão pela morte e por ambientes fantásticos. Marcado pelo romantismo, sobretudo pela obra do pintor alemão Caspar David Friedrich (1774-1840), Böcklin influenciou os surrealistas e alguns compositores, dentre eles Rachmaninov, que compôs um poema sinfônico inspirado na sua pintura *A Ilha dos Mortos*.

[91] Obra-prima de Arnold Böcklin, *A Ilha dos Mortos* (1880) retrata uma ilha rochosa ao pôr do sol, à qual o barqueiro Caronte conduz um morto que viaja em pé observando seu destino final. A pintura evoca a morte e a solidão. Houve cinco versões do quadro, quatro conservam-se até hoje em museus diversos. As reproduções do quadro estavam em voga naquela época, sobretudo nas casas pequeno-burguesas.

[92] Alusão ao quadro de Böcklin. Caronte, na mitologia grega, é o barqueiro do Hades, responsável pela travessia dos mortos entre os rios Estige e Aqueronte, divisa entre o mundo dos vivos e o dos mortos.

[93] Adjetivo *spiaschelobyi*, a partir do gerúndio do verbo *spat'*, "dormir", e do substantivo *lob*, "fronte". Invertemos a ordem e empregamos um particípio passado para obter "cabeçadormecidas". Outra alternativa seria "dormentestas" para recuperar o particípio presente e "testa".

[94] Referência a um fato real. Durante o período de separação, Maiakóvski não deveria visitar Lília e só deveria telefonar ou escrever em caso de urgência. Apesar do acordo, sua correspondência foi farta e, não raro, ele rondava o apartamento dos Brik na travessa Vodopiáni.

[95] O eu-lírico "joga" com as janelas, como se seus vidros formassem um baralho de cartas. Maiakóvski era um jogador inveterado, capaz de dedicar horas seguidas ao vício, o que lhe rendeu muitas discussões com Lília Brik.

[96] No original *aráp*, "trapaceiro" ou "negro" em russo. Como se trata de contexto de jogo e ardil, optamos pelo primeiro significado. No entanto, há uma possível referência ao célebre antepassado negro de Púchkin, sobre o qual ele escreveu a novela *O negro de Pedro, o Grande*. Segundo algumas pesquisas, o bisavô de Púchkin, Ganíbal, originário do Sudão Central, fora comprado em Constantinopla e dado de presente a Pedro, o Grande, em cuja corte traçou uma história gloriosa. Cf. o prefácio de Boris Schnaiderman a Aleksandr Púchkin, *A dama de espadas: prosa e poemas*, tradução de Boris Schnaiderman e Nelson Ascher, São Paulo, Editora 34, 1999, pp. 8-9.

[97] Neologismo *iarkoognim*, cujas raízes são *iárkii*, "claro", "luminoso", "brilhante", e *ogón'*, "fogo".

[98] Protagonista de *Crime e castigo*, de Dostoiévski. Ver nota 1.

[99] Neologismo criado a partir do prefixo *v-*, que indica "movimento para dentro", e do substantivo *plesen'*, "mofo". O eu-lírico quer dissolver-se no mofo da parede.

[100] A cozinheira dos Brik. Ver nota 34.

[101] Adjetivo criado a partir do substantivo "one-step" (уанстеп), dança de salão oriunda dos Estados Unidos, popular no início do século XX. Posteriormente, originou o foxtrote. Para formar o neologismo, optamos pela terminação de particípio presente.

[102] Ritmo que originou o one-step.

[103] Adjetivo *kvartírovchnii*, criado a partir do substantivo *kvartíra*, "apartamento".

[104] Cidade no noroeste da Rússia, na rota entre Moscou e São Petersburgo.

[105] Cidade no noroeste da Rússia na confluência dos rios Volga e Tvertsa, na rota entre Moscou e São Petersburgo.

[106] Cidade no noroeste da Rússia, na rota entre Moscou e São Petersburgo.

[107] Petróvskoie-Razumóvskoe, última estação de trem da rota São Petersburgo-Moscou.

[108] Estação ferroviária em Moscou.

[109] Adjetivo *obezliublennoi*, criado a partir do prefixo *(o)bez*, "sem", e do substantivo *liubov'*, "amor".

[110] Referência ao mítico café La Rotonde no bairro de Montparnasse, na esquina dos bulevares Montparnasse e Raspail, em Paris. Inaugurado em 1911, o local era um reduto dos artistas da época, que muitas vezes trocavam pinturas e desenhos por uma refeição. Por lá passaram nomes como Picasso, Modigliani, Breton, Satie, Lênin, Trótski, Anna Akhmátova, Prokófiev, Stravinski, Diághilev, Nijínski e o próprio Maiakóvski, entre outros. Maiakóvski visitou Paris pela primeira vez em 1922.

[111] Referência perdida na tradução: há um jogo entre o rio Sena, em Paris, e a *Siénnaia Plóschad'*, literalmente "Praça do Feno", uma das mais antigas de São Petersburgo. Seu nome tem origem no mercado de feno que havia no local na década de 1730. O local, cujos arredores eram bem degradados, aparece em *Crime e castigo*. Antes de ir à polícia confessar o assassinato que cometera, Raskólnikov beija o chão da praça: "Ele entrou

na Siénnaia. Achava desagradável, muito desagradável deparar-se com o povo, mas ele caminhava precisamente para lá, para onde se via mais gente. [...] Ajoelhou-se no meio da praça, inclinou-se até o chão e beijou essa terra suja, com êxtase e felicidade". Cf. Fiódor Dostoiévski, *Crime e castigo*, tradução de Paulo Bezerra, São Paulo, Editora 34, 2007, pp. 533-4. Dostoiévski foi encarcerado na Casa da Guarda, primeiro edifício construído na praça (1818-1820), por dois dias, em 1874, por ter violado as leis da censura como editor do jornal *Grajdanin*. Durante o período soviético, a praça, então chamada de "Praça da Paz", foi revitalizada. No entanto, até hoje a região onde ela se localiza (oeste da cidade) é uma área de contrastes econômicos e sociais.

[112] No original, neologismo *ispozolotcheno*, cuja raiz é *pozolotchennii*, "dourado".

[113] Campanário de Ivan III, o Grande, a mais alta torre do Kremlin, em Moscou, com 81 metros, construída em 1508. Graças à sua altura, por muito tempo serviu como atalaia para identificar incêndios e a aproximação de inimigos. Ele aparece na fotomontagem da p. 69.

[114] Verbo criado a partir do prefixo *za-*, que indica o início de uma ação, movimento através, para além, e do substantivo *rojdestvo*, "natal". Seguimos o mesmo processo para criar o verbo "transnatalizar", formado pelo prefixo "trans-" análogo ao russo *za-* em português.

[115] Como Roma, Moscou desenvolveu-se sobre sete colinas.

[116] Desfiladeiro entre a Rússia e a Geórgia, a leste do monte Kazbek, pelo qual passa o rio Terek (ver nota 117). Única passagem natural através do Cáucaso, o local tornou-se um acesso historicamente estratégico. Foi imortalizado na literatura russa por Púchkin, em *Viagem a Arzrum* (1836), baseado em notas de uma viagem ao Cáucaso, e por Liérmontov, em *O demônio* (1837) e *Tamara* (1841) — entre outros autores. Aliás, a relação com o poema *O demônio* ultrapassa a geografia. Nele, um demônio apaixona-se pela jovem Tamara e a seduz, mas, ao beijá-la, ele a mata. Mais uma vez surge a referência ao assassinato da pessoa amada, como no poema de Oscar Wilde. Maiakóvski retoma o poema de Liérmontov em 1924, em *Tamara e o demônio*.

[117] Um dos principais rios do Cáucaso, o Terek nasce perto do monte Kazbek, na Geórgia, e desemboca no Mar Cáspio. Com 623 quilôme-

tros de comprimento, atravessa os territórios da Geórgia e da Rússia. Aparece em *Os cossacos*, de Lev Tolstói. Nessa obra, o nobre Oliên abandona a superficialidade de Moscou para viver na simplicidade da natureza com os camponeses.

[118] Montanha de 993 metros no norte do Cáucaso, em Piatigorsk, cidade russa. Aparece em *O herói do nosso tempo*, de Mikhail Liérmontov. Liérmontov foi morto em um duelo aos pés dessa montanha em 27 de julho de 1841, por um oficial do exército russo, Nikolai Martymov, um antigo colega da Escola de Cadetes da Guarda na qual ingressara em 1832. Outra referência importante é a lendária origem do nome "Machuk", um guerreiro cabardino (grupo étnico do Cáucaso pertencente aos circassianos) que lutou contra os mongóis e se suicidou pulando de um penhasco da montanha quando foi cercado pelos inimigos. Os temas do suicídio e do duelo revelam-se na escolha do local.

[119] De acordo com uma nota à tradução de Herbert Marshall, trata-se de um boneco feito de papelão, cujos braços e pernas movimentam-se através de um mecanismo de fios. Era vendido nas feiras da Praça Vermelha na festa de Ramos, muito popular entre os moscovitas. Cf. Herbert Marshall, *op. cit.*, nota de rodapé, p. 204.

[120] Agência Nacional de Detetives Pinkerton, fundada nos Estados Unidos em 1850, por Allan Pinkerton. Seus detetives eram especialistas em sufocar movimentos grevistas.

[121] Atirar a luva representava um convite ao duelo.

[122] Soldado da cavalaria ligeira. Outra referência a Liérmontov, incorporado ao regimento hussardo em 1834, na cidade de Tsárskoie Sieló. A passagem refere-se à morte de Liérmontov no duelo (ver nota 118).

[123] Mauser era uma fabricante alemã de armas de fogo fundada em 1870. Em 14 de abril de 1930, Maiakóvski suicidou-se com um tiro no coração usando uma pistola dessa marca. Browning é uma fabricante de armas norte-americana fundada em 1878.

[124] Referência a *Nuvem de calças*. Na primeira versão do poema *Sobre isto*, a alusão a *Nuvem de calças* era explícita: "É uma segunda nuvem de calças que chega". A passagem foi suprimida na versão definitiva. Cf. Roman Jakobson, *Russie, folie, poésie*, Paris, Seuil, 1986, p. 125.

[125] Em russo, verbo *zvesdit'sa* criado a partir do substantivo *zvezdá*, "estrela", outra imagem recorrente na poesia de Maiakóvski.

[126] Em russo, *zatrubadurila*, verbo formado a partir do prefixo *za-*, que denota transformação, e do substantivo *trubadur*, "trovador".

[127] O monte Ararate é um maciço vulcânico e a mais alta montanha da Turquia. Seu cume, sempre coberto de neve, atinge 5.137 metros de altura. Segundo a Bíblia, nele estaria localizada a arca de Noé após o fim do dilúvio.

[128] O verbo *oblapit'*, "abraçar com as patas", existe de fato em russo. Optamos pela criação de um neologismo em português, "patabraçar".

[129] Verbo *iój'iu* criado a partir do substantivo *iój*, "porco-espinho". Na tradução "(eu) porcoespinho", optamos pelo mesmo processo de formação de palavras: verbalizamos o substantivo que denomina o animal. Outra possibilidade seria o verbo "ouriçar" existente em português. "Ouriço" pode designar uma espécie de porco-espinho, mas como não se trata de um neologismo em português, preferimos criar um.

[130] Adjetivo *krasnoflaguii* criado a partir do adjetivo *krásnyi*, "vermelho", e do substantivo *flag*, "bandeira". Por questões de sonoridade, optamos pelo sinônimo "rubro", em vez de "vermelho", para formar o neologismo "bandeirrubro".

[131] Ver nota 36.

[132] Referência à morte de Liérmontov e Púchkin em duelos. Ver notas 36 e 118.

[133] A mesma oficina reaparecerá em O *percevejo* e ressuscitará Prissípkin, congelado por cinquenta anos.

[134] A imagem do químico do futuro também reaparecerá na peça O *percevejo*.

[135] Aqui se faz alusão à crença da época no poder da transfusão sanguínea como meio de rejuvenescimento e ressurreição difundida pelo cientista e escritor de ficção científica bielorrusso Mikhail Bogdanov (1873-1928). O interesse de Maiakóvski pela imortalidade do corpo foi nutrido

Notas ao poema

pelas ideias do filósofo cristão russo Nikolai Fiódorov (1829-1903), um dos principais representantes do Cosmismo, "um movimento filosófico e cultural de natureza antropocêntrica que surgiu na Rússia no início do século XX". Cf. Bengt Jangfeldt, *op. cit.*, pp. 253-4:

> "[...] trata-se da ressurreição em carne e osso. Influenciado pelas reflexões do filósofo russo Nikolai Fiódorov sobre a ressurreição dos mortos e pela teoria da relatividade de Einstein — que ele discutiu fervorosamente no verão de 1920 com Roman Jakobson —, Maiakóvski crê em um mundo futuro onde todos os mortos ressuscitarão fisicamente."

Foi o pintor Vassili Tchekríguin "que lhe revelou as fantasiosas teorias do filósofo Fiódorov sobre a ressurreição dos mortos". O autor de *Filossófia óbchchevo diela* (*Filosofia da obra comum*), cujo segundo volume póstumo foi publicado naquele ano, tinha fascinação pela ideia de restituir a vida aos mortos. As suas doutrinas, imbuídas de uma fé utopista no futuro e nos progressos da ciência, deixaram marcas profundas na poesia e no teatro de Maiakóvski. Cf. Viktor Chklóvski, *O Maiakovskom* (*Sobre Maiakóvski*), Moscou, 1940, p. 30, *apud* Ripellino, *op. cit.*, p. 53.

Na sua crença não havia nenhum viés religioso, "[...] para ele não há ressurreição sem corpo, sem carne — a imortalidade não pode se dar no além; ela é inseparável da terra". Cf. Jakobson, *op. cit.*, p. 32.

Outra forte influência proveio da teoria da relatividade de Albert Einstein (1879-1955), conforme a citação de Jangfeldt acima.

[136] No original, *futliar*. Referência ao conto "Homem num estojo", de Tchekhov, traduzido para o português por Boris Schnaiderman (ver A. P. Tchekhov, *A dama do cachorrinho e outros contos*, tradução de Boris Schnaiderman, São Paulo, Editora 34, 1999, pp. 283-98). Trata-se da história de um professor de grego antigo, Biélikov, que vive obcecado por proteção e regras: usa galochas, guarda-chuva, não se envolve socialmente e só obedece às circulares. No final do conto de Tchekhov, a personagem Ivan Ivânitch diz:

> "E o fato de morarmos na cidade, sem espaço, numa atmosfera abafada, escrevermos papéis desnecessários, jogarmos uíste, não será isso um estojo também? E o passarmos a vida toda entre gente desocupada, entre rábulas, entre mulheres tolas e ociosas, falando e ouvindo banalidades, não será isso um estojo?" (p. 298)

A figura do intelectual apartado da vida não agrada de forma alguma a Maiakóvski. Aliás, o "estojo" pode ser interpretado como a limitação da vida cotidiana contra a qual o poeta sempre levantou a voz.

[137] Mais uma referência a *O percevejo*: na cena final da peça, Prissípkin é exposto com o percevejo no jardim zoológico. Segundo Ripellino, "o jardim zoológico tem sua tradição no futurismo russo". O poema em prosa *Zviérinietz* (*A coleção de bichos*, 1909), um dos primeiros textos de Velimir Khliébnikov, é um exemplo. Cf. Ripellino, *op. cit.*, p. 182.

[138] Trata-se da foto de Lília Brik no jardim zoológico de Berlim, em 1922.

Notas ao poema

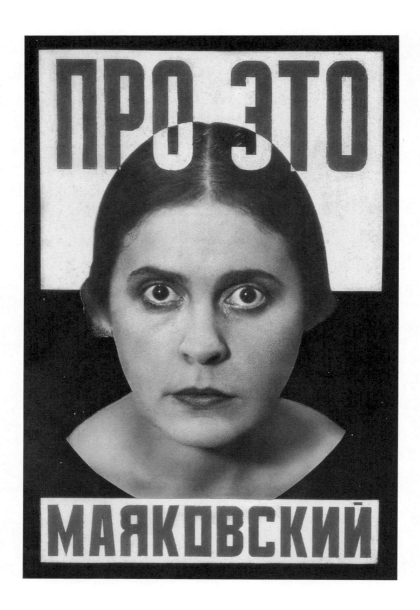

Retrato de Lília Brik na capa do livro *Sobre isto*, de Maiakóvski, publicado em 1923.

POSFÁCIO[1]

Letícia Mei

Sobre o poema

O poeta e dramaturgo[2] Vladímir Maiakóvski (1893-1930) dispensa apresentações junto ao público brasileiro. Tradutores e especialistas como Augusto de Campos, Haroldo de Campos, Boris Schnaiderman e Arlete Cavaliere ajudaram a difundir sua poesia, prosa e teatro no Brasil. Trabalho fundamental para que tenhamos acesso, em português, à tradução de obras de vários momentos de sua carreira literária, com uma miríade temática e poética que inibe qualquer simplificação.

O caráter político da obra de Maiakóvski teve ampla divulgação pelo regime soviético, sobretudo alguns anos após a sua morte. Boris Pasternak chegou a lamentar a "segunda morte" do poeta quando houve uma canonização e simplificação da sua produção reduzida ao viés político e empregada como instrumento do partido para consolidar seus ideais.

---

[1] Este posfácio baseia-se na minha dissertação de mestrado "*Sobre isto*: síntese da poética de Maiakóvski", defendida em abril de 2015 no Programa de Pós-Graduação em Literatura e Cultura Russa da Universidade de São Paulo.

[2] Sua poesia e teatro são bastante populares no Brasil, mas o mesmo não se pode dizer de suas outras áreas de atuação: o Maiakóvski pintor, desenhista, ilustrador e roteirista é menos conhecido pelo público.

O período stalinista dela se apropriou criando um mito sem contradições.

De certa forma, ainda hoje perdura a associação imediata de Maiakóvski à literatura alinhada com a revolução e o regime comunista. Certamente, não se pode desvincular sua obra do seu tempo eminentemente político, o tempo da revolução. Revolução política, econômica, social que ele sempre buscou estender à arte. No entanto, não se pode cair na falácia de um Maiakóvski linear e monódico. Observadas as devidas diferenças, como Dostoiévski, ele é multíssono, polifônico,[3] complexo e muitos dos seus poemas transbordam um lirismo marcante.

O longo poema *Sobre isto* (1923) é uma de suas obras mais líricas. Khardjiev e Trenin apontaram-na como uma enciclopédia do poeta, uma compilação dos elementos fundamentais de sua composição.[4] De fato, *Sobre isto* é uma espécie de síntese da poética de Maiakóvski, em que os elementos cardeais de seu método de criação e do seu arcabouço ideológico são trabalhados em grau máximo para lutar contra o cotidiano e para promover o eixo principal de uma sociedade que se quer igualitária: o amor universal que transcende as barreiras individualistas da família tradicional. Todas as obras de Maiakóvski são profundamente ancoradas no seu momento histórico. Algumas se tornaram datadas, a exemplo de suas pequenas peças de agitação, mas *Sobre isto* não poderia ser mais atual.

Apesar das críticas ferozes que a obra recebeu em fun-

---

[3] Ele mesmo define seu encargo no artigo "Nosso trabalho vocabular", de 1923: "Maiakóvski. Experimento de ritmo polifônico em poema de vasto âmbito social". Cf. Boris Schnaiderman, *A poética de Maiakóvski*, São Paulo, Perspectiva, 1971, p. 222.

[4] N. Khardjiev e V. Trenine, *La culture poétique de Maïakovski*, Lausanne, L'Âge d'Homme, 1982, p. 234.

ção de seu lirismo pronunciado e de seu evidente caráter autobiográfico, o próprio poeta a considerava uma das mais importantes e bem elaboradas de sua carreira: "É para mim, eu penso, e para todos os outros, minha obra mais importante e a mais cuidadosamente trabalhada".[5] Na autobiografia *Eu mesmo*, Maiakóvski esboça o projeto: "Projetado: sobre o amor. Um poema colossal. Termino-o no ano que vem". E anuncia na rubrica "1923": "Escrevi *Sobre isto*. O cotidiano de todos, segundo motivos pessoais".[6]

No final de 1922, após a primeira viagem ao exterior, Maiakóvski deveria apresentar duas conferências no Museu Politécnico de Moscou. Durante a primeira, sobre Berlim, Lília Brik, o grande amor de Maiakóvski, fica revoltada com as impressões, segundo ela, pouco originais do poeta. Ela interrompe a apresentação reiteradamente com seus comentários e se recusa a ir à próxima conferência, sobre Paris. A discussão atinge o ápice em 28 de dezembro de 1922, dia em que eles se separam e selam um pacto de silêncio, segundo o qual Lília e Maiakóvski não deveriam se encontrar nem se comunicar de nenhum modo, seja por telefone ou por carta.

A composição do poema deu-se durante os dois meses de isolamento de Maiakóvski em seu apartamento na passagem Lubiánski, em Moscou. A princípio, a incomunicabilidade deveria ser total, mas, aos poucos, eles começam a trocar bilhetes e cartas. Embora tal dado biográfico esteja claro, sabe-se que o rompimento com Lília não foi o único ponto de partida do projeto. Como mencionado anteriormente, ele já o tinha concebido. Além disso, na leitura atenta de seus poemas anteriores a 1922, já se observam metáforas e símbolos presentes no poema *Sobre isto*.

[5] Maiakóvski *apud* Khardjiev e Trenine, *op. cit.*, p. 234.

[6] Maiakóvski *apud* Boris Schnaiderman, *op. cit.*, p. 101.

Roman Jakobson afirma após a morte do poeta em 1930: "A crítica literária rebela-se contra as ligações imediatas, diretas, entre a poesia e a biografia do poeta. Mas é absolutamente impossível concluir por uma necessária desvinculação entre a vida do artista e sua arte".[7] A mesma opinião é compartilhada por Khardjiev e Trenin, segundo os quais a poesia de Maiakóvski é "fundamentalmente monológica e autobiográfica".[8] Certamente, a viagem empreendida pelo eu-lírico no poema apresenta traços autobiográficos, porém ultrapassa os limites individuais: suscita a reflexão acerca da missão do poeta e de como salvar o amor da miséria da vida cotidiana, expandindo o tema para além do âmbito particular e elevando-o à esfera universal. Maiakóvski realizou diversas mudanças no poema para conferir-lhe um caráter que transcendesse o aspecto individualista da lírica amorosa. Seu projeto consistia em esclarecer quem era o novo homem, sua moral, seus sentimentos e sua vida. *Sobre isto* alinha-se, então, a muitas outras obras fundamentais do poeta, como a peça *O percevejo* (1928), em que Maiakóvski volta-se contra a nova burguesia oriunda da NEP, emblema do egoísmo e da vulgaridade.

Após a primeira redação, fez diversas correções e acréscimos significativos e, em seguida, concluiu a versão final. A data atribuída a esta versão é 11 de fevereiro de 1923, quando o poeta decidiu reescrevê-la fazendo pequenas modificações, porém conservando o dia. O poema foi publicado pela primeira vez em 29 de março de 1923, no primeiro número da revista LEF (*Levyi Front Iskusstv — Frente Esquerda das Artes*), criada e dirigida pelo próprio Maiakóvski. Há três diferentes manuscritos do poema conservados por Lília Brik.

---

[7] Roman Jakobson, *A geração que esbanjou seus poetas*, São Paulo, Cosac Naify, 2006, p. 39.

[8] N. Khardjiev e V. Trenine, *op. cit.*, p. 232.

Capa, expediente e programa da revista *LEF*, nº 1, de 29/3/1923, incluindo a abertura do poema *Sobre isto*, de Maiakóvski.

Em junho do mesmo ano, foi publicado separadamente em volume ilustrado com as célebres fotomontagens de Aleksandr Ródtchenko,[9] ressaltando, assim, a correlação entre palavra poética e imagem artística.

O poema *Sobre isto*, uma concatenação vertiginosa de situações, apresenta ao longo dos seus 1.813 versos a seguinte arquitetura: uma espécie de prólogo ("Sobre isto — sobre o quê?"); o capítulo "Balada da prisão de Reading", subdividido em 11 seções; o capítulo "A noite de Natal", subdividido em 21 seções; e o que se poderia chamar de epílogo ("Petição endereçada a...") também subdividido em uma introdução e 3 seções. Segundo Khardjiev e Trenin, análises dos manuscritos do poema permitem concluir que tal divisão não existia nos rascunhos e foi estabelecida somente ao término da primeira versão.[10] Essa informação é importante na medida em que revela a concepção original da obra como algo uno.

O poema dialoga com diversos textos russos e estrangeiros, embora Maiakóvski afirme, em "Como fazer versos", que pretendia tirar os modelos do pedestal, afastar-se deles para melhor estudá-los e desmistificá-los como modelos obrigatórios.[11] Jakobson explica tal relação: "apesar de sua veemente repulsa aos 'generais clássicos', os futuristas russos estão visceralmente ligados à tradição literária da Rússia".[12]

---

[9] As oito fotomontagens estão reproduzidas nas páginas 19, 28, 35, 49, 60, 69, 77 e 83 deste volume.

[10] N. Khardjiev e V. Trenine, *op. cit.*, p. 233.

[11] O poema *Jubileu* expressa bem essa visão em relação aos clássicos: "Eu amo [Púchkin],/ mas vivo,/ não múmia./ Sem o verniz/ dos florilégios-catacumba". É um indício da reconciliação de Maiakóvski com o canônico Púchkin. Cf. Augusto de Campos, Haroldo de Campos e Boris Schnaiderman, *Poesia russa moderna*, São Paulo, Perspectiva, 2001, p. 276.

[12] Roman Jakobson, *op. cit.*, p. 28.

Ródtchenko, Viktor Chklóvski e Maiakóvski no pátio da casa da travessa Guendrikov, nº 15 (atual travessa Maiakóvski), em Moscou, em 1926, onde o poeta morou com o casal Óssip e Lília Brik.

Daí a expressiva referência aos clássicos em *Sobre isto*, como tentaram recuperar as notas à tradução: Gógol, Dostoiévski, Liérmontov, Tchekhov, Púchkin, Oscar Wilde, Goethe.

A primeira relação se estabelece com *Crime e castigo* (1866), de Dostoiévski,[13] já no título: a expressão *pro éto*, "sobre isto", é repetida incessantemente por Raskólnikov para designar seu crime, o assassinato da velha usurária. Segundo Bengt Jangfeldt, especialista e biógrafo de Maiakóvski, o poeta se identificava com a personagem: "a paixão devoradora por uma ideia, a obsessão de mudar o mundo por seus atos, a recusa em se deixar abater pela tristeza e pela rotina da vida cotidiana".[14] O protagonista de *Crime e castigo* é citado na seção "Sem saída":

> Cuspindo,
>   tirados os sapatos,
> galgo os degraus.
> A dor no coração não silencia,
> começa a selar elo a elo.
> Foi assim
>   que o assassino
>   Raskólnikov
> veio tocar a campainha.

---

[13] No romance *Doutor Jivago*, de Pasternak, a personagem Iúri Andreievitch diz: "[...] Sempre gostei de Maiakóvski. É como uma continuação de Dostoiévski. Ou melhor, sua poesia é um lirismo escrito por uma das personagens mais jovens e revoltadas de Dostoiévski, como Hippolit, Raskólnikov ou o herói de *O adolescente*. Que devoradora força de talento! Como já foi dito, definitivo, intransigente e consistente! E o mais importante: com que ímpeto corajoso tudo isso foi jogado na cara da sociedade e além dela, para o espaço". Cf. Boris Pasternak, *Doutor Jivago*, tradução de Zoia Prestes, Rio de Janeiro, Record, 2002, p. 206.

[14] Bengt Jangfeldt, *La vie en jeu*, Paris, Albin Michel, 2010, p. 249.

Podemos interpretar a expressão "sobre isto" por duas perspectivas. O tema não pode ser nomeado na sociedade em que vive Maiakóvski, pois dedicar versos a assuntos individualistas é considerado traição aos ideais do coletivo, daí o uso de uma expressão indefinida para referir-se a ele indiretamente. Nesse sentido, o amor é percebido como um crime, o que nos leva à relação com o protagonista do romance de Dostoiévski. Por outro lado, pela alusão ao poema de Oscar Wilde que dá título ao capítulo I, "Balada da prisão de Reading",[15] podemos entender que o crime seja o aniquilamento da pessoa amada pelo ciúme e desgaste da rotina, já que o escritor irlandês fala, em seus versos, sobre um prisioneiro que, enciumado, assassinou a pessoa amada.

O prólogo "Sobre isto — sobre o quê?" é a súmula do que o poeta quer nos apresentar. Análises dos manuscritos revelaram que o prólogo foi a última parte escrita.[16] Sem nomear o tema, ele o define: é pessoal, banal, foi cantado inúmeras vezes, tem a linguagem desgastada, mas nunca se consome. O tema precisa ser tratado de modo belo e verdadeiro e, apesar de desgastado, está longe de ser um tema simples. Como conferir-lhe tratamento novo, condizente com a nova arte e a nova sociedade? Eis o desafio de Maiakóvski. O tema renova-se à medida que a sociedade se revoluciona. Não cabe mais o amor burguês, possessivo, impregnado de ciúme. A nova sociedade exige uma nova abordagem do amor. A nova arte exige uma nova poesia, afinal, como proclamava o manifesto cubofuturista *A palavra como tal* (1913), "é a nova forma verbal que cria o novo conteúdo".[17]

---

[15] Maiakóvski teria ficado muito impressionado com o poema que lera em russo, traduzido pelo poeta Valeri Briússov (1873-1924).

[16] N. Khardjiev e V. Trenine, *op. cit.*, p. 233.

[17] Manifesto de Velimir Khliébnikov e Aleksei Krutchônikh. Cf. B.

Após a sugestão do tema no prólogo, tem início a narrativa. O poeta está em seu apartamento, comparado a uma cela de prisão, o que nos remete novamente ao poema de Wilde. A comparação com o cárcere baseia-se nas condições em que Maiakóvski escreveu *Sobre isto* — isolado no apartamento da passagem Lubiánski —, mas Jakobson chama a atenção para a relação mais profunda entre a morte do condenado dos versos do autor irlandês e a execução do poeta na seção "A última morte".[18] Ansioso, ele se tortura ao lado do telefone: quer ouvir a voz da amada, mas não sabe se será atendido. Aliás, os objetos cotidianos estão presentes no poema, muitos transladados da vida real e personificados. Segundo Khardjiev,[19] "na poesia de Maiakóvski, o mundo é orquestrado. O poeta russo personifica os objetos inanimados e as noções abstratas e faz deles participantes de uma sinfonia grandiosa". O telefone e o globo, a mala, a cama com barras de ferro e o cobertor, as roupas, todos esses elementos entram na cena desértica do poema, mas não cumprem nenhuma de suas funções, tampouco caracterizam o espaço minimalista como pregavam os princípios ideológicos e artísticos da época.

A mulher recusa-se a atendê-lo, o que desencadeia o ciúme e sua transformação em um urso que navega no rio de suas próprias lágrimas. Navegando, vê seu duplo, também desprezado pela amada, sobre uma ponte no rio Nevá: "o homem de sete anos antes", uma referência a seu poema *O homem* (1916-1917). Seu duplo suplica que o liberte das linhas dos versos que o prendem à ponte, pergunta-lhe se ce-

---

Livchits, *L'archer à un oeil et demi*, Lausanne, L'Âge d'Homme, 1986, prefácio de Valentine Macardé e J. C. Macardé, p. 13.

[18] Roman Jakobson, "Maïakovski: les derniers poèmes lyriques", em *Russie, folie, poésie*, Paris, Seuil, p. 148.

[19] N. Khardjiev e V. Trenine, *op. cit.*, p. 278.

deu à felicidade burguesa da vida em família, ameaça-o e o condena a vagar solitário enquanto não o libertar.

No segundo capítulo, "A noite de Natal", o poeta vai de Petersburgo para Moscou. Ele atravessa ambientes pequeno-burgueses, procurando desesperadamente alguém que o ajude a libertar o homem da ponte (ele mesmo). A busca revela-se um esforço inútil, pois nem mesmo sua família o apoia na empreitada. Ele está sempre só. É noite de Natal, símbolo dos rituais domésticos burgueses. Correndo, braços abarrotados de presentes de Natal, constata que nada mudou com a revolução e que ele mesmo aburguesou-se como os outros.

Nem a própria amada responde ao seu apelo, absorta na vida social e ensurdecida pelo one-step. Mais uma vez o dado biográfico é comprovado: Maiakóvski tinha conhecimento da vida social intensa de Lília durante a separação, como informa Jangfeldt: "enquanto ele ronda as janelas de Lília, Maiakóvski pode constatar que vida ela leva em sua ausência, sempre com muitos convidados, música, dança — o one-step e o two-step estavam a todo vapor".[20]

Em seguida, viaja a vários países, mas em todos os lugares o cenário é o mesmo: todos estão preocupados com ninharias e ninguém se dispõe a ajudar o homem na ponte. De volta a Moscou, novamente no Natal, ele teme que tudo recomece. Refugia-se, então, no campanário da torre de Ivan, o Grande, em cuja base se amontoam os burgueses perseguidores, desafiando-o para um duelo. Ele é executado e seus farrapos transformam-se em uma bandeira vermelha sobre o Kremlin. Mas tudo não passou de um sonho: o poeta-trovador navega na Ursa Maior rumo ao futuro na arca-concha.

O epílogo é uma petição dirigida a um químico do século XXX. O eu-lírico pede-lhe que o ressuscite para que viva

---

[20] Bengt Jangfeldt, *op. cit.*, p. 238.

Posfácio

até o fim e possa amar com toda a sua capacidade. Os subcapítulos têm como títulos três palavras-chave do Novo Testamento: fé, esperança e amor, e seu tema é a ressurreição.

Embora, no âmbito pessoal, Maiakóvski nutrisse um ciúme excessivo de Lília, o que ele defende aqui é o amor universal, desapegado do sentimento de propriedade pré-revolucionário, avesso aos ideais socialistas. Na carta-diário que escreveu durante o período de isolamento ele diz:

"[...] Você não tem amor por mim — você tem amor de modo geral, por tudo. Eu também ocupo um lugar nesse amor (pode ser que ele até seja grande), mas quando não interesso, me jogam fora como uma pedra de um rio, enquanto o teu amor emerge de novo sobre todo o resto. Isso é ruim? Não, para você é bom, gostaria de poder amar assim. [...]
Não existem famílias ideais. Todas as famílias estouram. Pode existir somente um amor ideal. Mas o amor não se pode estabelecer por nenhum 'deve', nenhum 'está proibido' — somente com uma competição livre com o resto do mundo."[21]

Hiperbólica, a obra conclui-se com um poeta apartado do mundo, sua voz solta na imensidão, dirigindo um apelo ao futuro. De grande lirismo, a seção "O amor", célebre pela adaptação musical de Caetano Veloso e Ney Costa Santos, encerra o poema como uma espécie de resumo, em que Maiakóvski lança ao mundo sua concepção de amor condizente

---

[21] Bengt Jangfeldt (org.), *Liubov'-eto serdtse vsego. V. V. Maiakóvski — Lilia Brik. Perepiska. 1915-1930* (*O amor é o coração de todas as coisas. V. V. Maiakóvski — Lília Brik. Correspondência. 1915-1930*), Moscou, Kniga, 1991. A correspondência de Maiakóvski e Lília, entre dezembro de 1922 e fevereiro de 1923, é um dos anexos deste volume.

Maiakóvski e Lília Brik em *Encadeada pelo filme*, de 1918, película dirigida por Nikandr Turkin com roteiro do poeta.

com a nova sociedade, "o amor que não é mais *eros*, mas ágape, quando o individualismo da família será substituído por uma comunidade de todos os homens",[22] uma sociedade esteada não mais na família burguesa, mas na comunhão entre as pessoas. O Comunismo que ele deseja só pode estar no futuro e nada tem a ver com a experiência incompleta do presente. Tão elucidador quanto o título é esta conclusão, se nos basearmos na afirmação do próprio poeta, para quem "um dos momentos sérios do poema, momento particularmente tendencioso e declamatório, é o final. Neste final, geralmente se colocam as linhas mais realizadas de um poema".[23]

Segundo Jakobson, as questões fundamentais para o poeta são a desunião, a contradição entre a construção técnica e a poesia e "o lugar do poeta num regime operário".[24] Ele, porém, identifica a essência da obra de Maiakóvski na luta contra a vida cotidiana e o pensamento pequeno-burguês, tema que, segundo o especialista, revela-se claramente apenas em *Sobre isto*. O arqui-inimigo do poeta sempre foi o filistinismo. Os maiores temores de Maiakóvski eram a imutabilidade e a inércia da vida: "o fantasma de uma ordem mundial imutável — da vida cotidiana universal acomodada em apartamentos — sufoca o poeta".[25] Como *Nuvem de calças* (1915), *Sobre isto* critica o amor e a sociedade do seu tempo. As contínuas referências a *O homem* são a prova de que, para o poeta, nada mudou apesar de duas revoluções. *O homem* e *Sobre isto* são, para Jakobson, "um canto lúgu-

[22] Bengt Jangfeldt, *La vie en jeu*, *op. cit.*, p. 254.

[23] Vladímir Maiakóvski, "Como fazer versos", em Boris Schnaiderman, *op. cit.*, p. 200.

[24] Roman Jakobson, *A geração que esbanjou seus poetas*, *op. cit.*, p. 21.

[25] *Idem*, p. 19.

bre da vida cotidiana que triunfa sobre o poeta".[26] Maiakóvski odiava o comodismo e seus versos serão sempre uma arma apontada contra o conforto.

Outro tema fundamental abordado em *Sobre isto* é o suicídio. Ele aparece pela primeira vez em 1913 na peça *Vladímir Maiakóvski, uma tragédia* e é retomado no poema *O homem*. Avesso ao otimismo revolucionário, o motivo é tão recorrente na obra de Maiakóvski que nele se pode antever a morte do poeta em 1930. O suicídio representa a epítome de seu embate com o tempo. Em seu desespero para acelerar a chegada do futuro idílico, o poeta está condenado ao "exílio do presente".[27] O tema torna-se mais obsessivo à medida que o tempo passa, pois adquire-se a consciência do esmagamento inexorável promovido pelo *byt*.[28] A função do poeta para Maiakóvski estaria, então, ligada à crença na superação do tempo, outro tema contumaz em sua poesia, talvez o mais fundamental deles.[29]

O tempo é trabalhado de forma complexa em *Sobre isto*, pois a amargura da situação atual estimula a fuga para o passado. Mas a solidariedade o traz novamente para o presente em busca de ajuda e, quando sua empreitada falha, a esperança o impele para um futuro longínquo. O poema é uma viagem pelos meandros do tempo, como a "Teoria da Relatividade" de Einstein que tanto fascinava Maiakóvski.

Sua obsessão pelo futuro atravessa toda a obra. Ele proclama e apressa o porvir e anseia projetar-se num futuro utópico. A necessidade particular de participar, mudar os con-

---

[26] *Idem*, p. 38.

[27] *Idem*, p. 37.

[28] Termo complexo e fundamental para o poema, *byt'* significa "vida cotidiana".

[29] Roman Jakobson, *A geração que esbanjou seus poetas*, op. cit., p. 35.

tornos de algo aparentemente imutável, leva-o a outra imagem: o poeta como salvador ou redentor.[30] Nessa jornada do passado ao futuro é frequente que ele se coloque como uma espécie de Noé ou Cristo. Em *Sobre isto* destacam-se as imagens do dilúvio das lágrimas do homem-urso, da arca-concha, do poeta de certa forma "crucificado", em farrapos sobre a torre ou a do homem atado ao parapeito da ponte que declara na seção "Passos dos versos": "Anos na ponte,/ desprezado,/ ridicularizado,/ como redentor do amor terreno,/ devo ficar,/ e ficarei por todos,/ por todos expiarei,/ por todos chorarei". Ainda, citamos, sem a pretensão de esgotar os exemplos, *O homem*, em que Maiakóvski é a personagem central de uma espécie de evangelho de si mesmo e se autoproclama o "novo Noé"; as peças *Vladímir Maiakóvski, uma tragédia*, e a imagem do poeta crucificado, e *Mistério-bufo*, com seu dilúvio revolucionário e a arca de Noé.

A quebra do paradigma "passado — ruim *versus* futuro — bom" virá justamente com a NEP, em 1921. Thomson[31] observa que, até então, ele pudera coadunar sua mitologia temporal com o marxismo, mas a política implementada por Lênin defendia um recuo tático que conflitava com a sua visão teleológica. Em *Sobre isto* a angústia da restauração do passado assumirá proporções agônicas. De fato, Jakobson diz que "o poema é o lamento contínuo mais desesperado em muitos séculos".[32]

---

[30] R. D. B. Thomson, "Mayakovsky and His Time Imagery", *The Slavonic and East European Review*, vol. 48, nº 111, abr. 1970, pp. 181-200, Modern Humanities Research Association/University College London, School of Slavonic and East European Studies Stable, <http://www.jstor.org/stable/4206198>, último acesso em 22/9/2011, p. 186.

[31] *Idem*, p. 192.

[32] Roman Jakobson, *A geração que esbanjou seus poetas, op. cit.*, p. 41.

Partindo de suas primeiras experiências no cubofuturismo e passando por seus longos poemas, como *Nuvem de calças* e *O homem*, obras pré-revolucionárias intensas e otimistas quanto à revolução, em *Sobre isto* encontramos o poeta angustiado e decepcionado com o cotidiano banal que insiste em se instalar. Maiakóvski envolveu-se visceralmente com as propostas da revolução e com a concepção e construção de um mundo novo, em todos os âmbitos. Talvez, por isso mesmo, ele tenha sofrido tanto com as contradições da vida pós-revolução.

Mal compreendido pela crítica soviética, avessa a qualquer esboço de lirismo e subjetividade, Maiakóvski foi bombardeado de recriminações. Durante um debate acerca do poema, ele se defende:

> "Aqui se diz que no meu poema não se deve colher uma mensagem geral. Em primeiro lugar li apenas trechos, mas já nesses trechos citados, há um único eixo importante: o viver cotidiano. Aquele viver em que nada muda, aquele viver que se manifesta hoje como o nosso pior inimigo e que faz de nós filisteus."[33]

Segundo Jangfeldt,[34] os primeiros a ouvir a leitura do poema foram Anatoli Lunatchárski e Viktor Chklóvski, ambos positivamente impressionados. No entanto, as primeiras dissidências surgiram logo após a publicação na *LEF*, pois a revista militava por uma nova estética construtivista, com

---

[33] V. V. Maiakóvski, *Pólnoie sobránie sotchniénii v trinátsati tomakh*, Moscou, Gosudarstvennoie Izdatel'stvo, Khodojestvennoi Literatury, 1957, IV, pp. 19-20, *apud Di questo*, prefácio de Anna Zorini, Florença, Passagli, 2009, p. 15.

[34] Bengt Jangfeldt, *La vie en jeu, op. cit.*, p. 256.

fins práticos e didáticos. No segundo número da revista foi publicada a crítica de Nikolai Tchuják:[35]

"Um romance sentimental... capaz de fazer chorar as colegiais... Mas nós que conhecemos muitos outros aspectos de Maiakóvski não nos comovemos de modo algum com isso em 1923.
Todo esse mistério reside no *byt*. O *byt* conduz a dança. *Minha* casa. *Ela*, cercada de seus amigos e criados. [...] Ela dança o one-step. [...] E *ele* escuta escondido atrás da porta, corre com a sua genialidade de um pequeno-burguês a outro, fala sobre arte com eles, lamenta a sua sorte [...] e chega à conclusão: 'Não há saída!' [...]
No fim deste poema, fala-se de uma solução. Esta solução é que *no futuro, tudo será diferente, que haverá uma espécie de vida imensa.* [...] Para mim, parece-me que esta fé nasce do desespero pelo fato de que 'não há saída'. [...] Não é uma solução, *mas uma situação desesperada.*"

O problema para Tchuják era colocar no futuro a esperança da mudança; isso traduzia a descrença na revolução: "Nós não precisamos estender os braços em direção à *eternidade* (que na prática é sinônimo de *passado*), mas aos sólidos canteiros de trabalho do *hoje*...".[36]

No dia 28 de fevereiro de 1923, Maiakóvski e Lília Brik finalmente se reencontram na estação de trem de Moscou com destino a Petersburgo. Assim que a locomotiva parte, às

[35] Nikolai Tchuják *apud* Bengt Jangfeldt, *La vie en jeu, op. cit.*, p. 260. Grifos do original em francês.

[36] *Idem*. Grifos do original.

Lília Brik e Maiakóvski em dois momentos: em Moscou, em 1915,
e no verão de 1923 em Norderney, no litoral da Alemanha.

20h, ele declama *Sobre isto*, de pé, recostado à parede. Terminada a leitura, irrompe num pranto de alívio. Foi a última vez que o poeta dedicou um longo poema ao amor. O tema só reapareceria alguns anos mais tarde, no último ciclo lírico, mas com outra abordagem e em formas mais breves.

Sobre traduzir Maiakóvski

A tradução é um processo inacabado sempre sujeito a reformulação. O texto é vivo, movente, portanto semeador de inúmeras interpretações e traduções. Como afirmou Mário Laranjeira, tradução é "como a escritura de uma leitura do poema".[37] Ora, uma leitura dentre as tantas possíveis. O texto transcende, assim, o *status* de mero depositário de sentidos predefinidos e se renova através de uma rede de associações concretizadas no ato da leitura. Isso torna o texto singular, pois a cada leitura novas relações e associações são estabelecidas.

Tal renovação constante, baseada na experiência singular de cada leitura do texto, norteia a visão de João Azenha Jr. acerca de marca cultural.[38] O tradutor é um mediador cultural que lida com a representação da realidade, e não com a realidade. Não se pode falar, então, de estabilidade e perenidade absolutas. A tradução pode ser vista como *um* comentário pessoal de *uma* leitura de *um* texto. Por conseguinte, é importante refletir acerca da posição assumida pelo tradutor e do lugar reservado ao leitor. Toda tradução encerra uma

[37] Mário Laranjeira, *Poética da tradução*, São Paulo, Edusp, 2003, p. 40.

[38] João Azenha Jr., "Transferência cultural em tradução: contextualização, desdobramentos, desafios", *TradTerm*, vol. 16, São Paulo, 2010, p. 59.

posição ideológica, apresenta a voz do tradutor, e os sentidos do texto se (re)constroem na interação da leitura. Portanto, toda tradução deve ser avaliada em função de seu projeto inicial.

Como todo poema permite inúmeras leituras, inúmeras são as possibilidades de tradução. A intradutibilidade é, pois, pontual e não exclusiva da poesia. Aspectos culturais ou linguísticos podem ser intraduzíveis a princípio, mas a criatividade e o repertório linguístico do tradutor são capazes de superá-los de alguma maneira. Boris Schnaiderman diz em *Tradução, ato desmedido* que "precisamos traduzir justamente aquilo que se considera impossível na língua de chegada",[39] em consonância com a visão de Haroldo de Campos e de Paulo Rónai. O que permite a tradução para ele é "o arrojo, a ousadia, os voos da imaginação [...] tão necessários na tradução como a fidelidade ao original, ou melhor, a verdadeira fidelidade só se obtém com esta dose de liberdade no trato com os textos".[40] É "a relação entre o semântico e o poético, este jogo de imaginação e fantasia" que constitui "a pedra de toque de uma tradução".[41]

Muitos foram os cuidados e estratégias gerais adotados com o intuito de reproduzir, em português, os efeitos linguísticos e sonoros que configuram o estilo maiakovskiano, sobretudo a rima, recurso fundamental para a manutenção do ritmo, elemento essencial de sua obra. Conhecer bem a poética do autor e tentar recuperá-la na língua de chegada foi o alicerce do nosso projeto de tradução.

---

[39] Boris Schnaiderman, *Tradução, ato desmedido*, São Paulo, Perspectiva, 2011, p. 22.

[40] *Idem*, p. 18.

[41] *Idem*, p. 34.

Posfácio

Em poesia, o aspecto sonoro é particularmente importante na produção do sentido; isto é ainda mais evidente em Maiakóvski. Os cubofuturistas aproximavam-se dos formalistas na medida em que tentavam associar forma e conteúdo, e mesmo as transgressões de poetas que realizaram experiências ousadas com a língua, como Khliébnikov, respeitavam essa relação. Para Jakobson, é na linguagem poética, na qual o signo assume valor autônomo, que o simbolismo fonético alcança sua atualização e cria uma espécie de acompanhamento do significado.[42] Ora, nesse poema percebemos claramente que os recursos sonoros e rítmicos pretendem reforçar a temática tratada.

Em Maiakóvski tal associação é potencializada pela rima, recurso que ele preconiza, não só pelo efeito estético, mas pela relação íntima que logra estabelecer com o sentido e em prol do ritmo. Seu ensaio "Como fazer versos" elucida muitos aspectos da sua poética. No tocante à rima, diz que ela obriga "a voltar à linha anterior e lembrá-la, obriga todas as linhas que materializam o mesmo pensamento a se manterem unidas".[43] Detentora de enorme força semântica, a rima é a "alavanca semântica original do verso".[44] E, como vimos, "é fundamental a correlação e interdependência dialéticas dos elementos semânticos e dos elementos fonéticos na construção dos versos".[45]

Maiakóvski privilegiava as rimas inesperadas e a sonoridade áspera, com o intuito de reforçar a relação da forma

[42] Roman Jakobson, *Six leçons sur le son et le sens*, Paris, Éditions de Minuit, 1976, p. 119.

[43] Vladímir Maiakóvski, "Como fazer versos", em Boris Schnaiderman, *A poética de Maiakóvski, op. cit.*, p. 191.

[44] N. Khardjiev e V. Trenine, *op. cit.*, p. 236.

[45] *Idem*, p. 243.

e do conteúdo: "A rima amarra as linhas, por isso o seu material deve ser ainda mais forte que o material utilizado nas demais linhas".[46] A ideia é aprofundada por Trenin e Khardjiev: "A rima de Maiakóvski é sempre portadora de sentido, por isso ela só é possível em um contexto determinado",[47] "ela desempenha o papel original de reforçar o sentido".[48] Esta foi uma das dificuldades enfrentadas durante a tradução: não basta recuperar as rimas, elas devem, na medida do possível, associar os mesmos sentidos. Assim, buscamos sempre que possível manter a rima entre os mesmos termos.

Acerca da rima em Maiakóvski, Khardjiev comenta ainda que, a exemplo de todos os outros elementos do verso, ela faz parte de uma "construção literária complexa, na qual os aspectos semânticos e fonéticos da palavra encontram-se em uma correlação e uma interação mútuas indissolúveis".[49] Peterson afirma que os longos jogos rímicos de Maiakóvski criam ressonâncias irônicas e funcionam como "maus presságios" dentro do "enredo" de seus poemas.[50]

Eis um dos maiores desafios enfrentados na tradução de *Sobre isto*. Não se pode exagerar na distribuição de rimas para garantir o ritmo e a sonoridade como meros ornamentos, e é preciso fazer o máximo esforço para recuperar as mesmas associações de sentido estabelecidas no original. Em

---

[46] Vladímir Maiakóvski, "Como fazer versos", em Boris Schnaiderman, *A poética de Maiakóvski*, *op. cit.*, p. 192.

[47] N. Khardjiev e V. Trenine, *op. cit.*, p. 292.

[48] *Idem*, p. 269.

[49] *Idem*, p. 268.

[50] D. E. Peterson, "Mayakovsky and Whitman: The Icon and the Mosaic", *Slavic Review*, vol. 28, nº 3, set. 1969, pp. 416-25, Association for Slavic, East European, and Eurasian Studies Stable, <http://www.jstor.org/stable/2494019>, último acesso em 22/9/2011, p. 422.

Posfácio

alguns casos isso foi possível, mas em outros a rima foi recuperada somente em uma passagem diversa do poema, com diferentes termos, por compensação.

Khardjiev traça o percurso do desenvolvimento da rima na obra de Maiakóvski e comenta que, nos seus primeiros versos, elas são muito simples do ponto de vista formal[51] (rima entre termos de mesma classe gramatical e mesmo caso,[52] por exemplo). No entanto, mesmo assim, tais rimas são muito eficazes, pois evidenciam as palavras mais importantes para o tema do poema e funcionam como "palavras-chave" de toda a sua organização semântica.

Posteriormente, com o desenvolvimento da técnica de Maiakóvski, sua poética voltou-se para a "pesquisa de formas rítmicas mais livres, suscetíveis de dar um campo mais vasto ao novo tom do poeta, o poeta da rua".[53] Khardjiev comenta que, nessa categoria de rimas, "uma palavra provida de significado rima com um grupo formado de duas palavras independentes, sendo que a última corresponde a uma ou mais sílabas átonas".[54] São as rimas compostas, que se tornarão uma das marcas distintivas fundamentais da sonoridade das obras mais maduras de Maiakóvski. O efeito dessa técnica é a reverberação no interior das próprias palavras.

Outro recurso que se combina à rima para o reforço do sentido são as aliterações. Maiakóvski compartilhava o princípio da "estrutura pesada e difícil", quebrando os paradigmas de beleza e suavidade da linguagem. As construções con-

---

[51] N. Khardjiev e V. Trenine, *op. cit.*, p. 269.

[52] A língua russa possui seis casos que designam a função gramatical do termo na frase: nominativo, prepositivo, acusativo, dativo, genitivo e instrumental.

[53] N. Khardjiev e V. Trenine, *op. cit.*, p. 270.

[54] *Idem*, pp. 270-1.

sonantais ásperas representavam a violência e a velocidade do movimento. Khardjiev afirma que Maiakóvski "criou uma nova forma de aliteração expressiva na qual as chiantes sublinham a entonação furiosa e acusadora".[55] Segundo ele, "nenhum poeta russo havia empregado com tamanha perseverança e continuidade sucessões obstinadas de consoantes chiantes, sobretudo as fricativas (j) (ch) (kh) e as africadas (tch)".[56]

Entretanto, mais uma vez prevalece o preceito de economia na arte. O próprio poeta afirma que

"[...] o excesso de consonâncias, aliterações etc. cria após os primeiros instantes de leitura uma impressão de enfaramento. [...] É preciso dosar a aliteração com um máximo de cautela e, sempre que possível, evitar as repetições gritantes. [...] Recorro à aliteração como um meio de emoldurar uma palavra importante para mim e de sublinhá-la ainda mais."[57]

Além dos aspectos sonoros, há um outro crucial na poética de Maiakóvski: os neologismos. No processo tradutório, o primeiro passo é a sua identificação. A partir daí, vem a parte criativa do trabalho: geralmente, com as bases do morfema do neologismo russo, tenta-se criar seus equivalentes em português. Um exemplo do resultado desse procedimento é a palavra "ursifiquei", tradução de *razmedvédil* (размедведил), termo criado pelo poeta a partir do prefixo

[55] *Idem*, p. 289.

[56] *Idem*.

[57] Vladímir Maiakóvski, "Como fazer versos", em Boris Schnaiderman, *A poética de Maiakóvski*, *op. cit.*, p. 197.

Posfácio   131

raz (раз), que denota transformação, e do verbo *medvédit'* (медведить), inexistente em russo e derivado do substantivo *medvéd'* (медведь), que significa "urso". Outra solução encontrada de modo semelhante é "intromofar"; em russo trata-se de um neologismo criado a partir do prefixo *v-* (в-), que pode significar "movimento para dentro" e do substantivo *plesen'* (плесень), "mofo".

Outros desafios da poesia de Maiakóvski são a irregularidade da pontuação, a instabilidade dos aspectos verbais e a economia verbal. Tentamos respeitar esses traços do original e não reorganizar ou explicar em demasia.

Também foi fundamental na nossa tradução a tentativa de recuperar a oralidade da linguagem maiakovskiana. Evitamos o vocabulário rebuscado e não hesitamos em empregar palavras do cotidiano. Fugimos, quando possível, das inversões sintáticas que podem conferir um tom pesado à tradução em português. Revolucionária no conteúdo e na forma, a poesia de Maiakóvski é essencialmente voltada para a declamação. Seus versos destinam-se à voz, à recitação diante do público, constroem-se não sobre acentos métricos mas sobre os das palavras, sobre os acentos da *língua falada*.[58] Khardjiev e Trenin afirmam que "a principal diferença entre a poesia de Maiakóvski e a de todos os poetas russos anteriores consiste no fato de que os versos de Maiakóvski são destinados à voz, à recitação em voz alta diante de um vasto auditório".[59] Consequentemente, foi sempre nosso objetivo transpor a sua eloquência do russo para o português, mantendo a linguagem o mais natural e próxima da oralidade quanto possível. Pretendemos trazer a voz de Maiakóvski para o português com as marcas culturais e históricas que

[58] N. Khardjiev e V. Trenine, *op. cit.*, p. 232.
[59] *Idem*, p. 231.

Maiakóvski em 1911, aos 18 anos, quando entrou na Escola de Pintura, Escultura e Arquitetura de Moscou, e em janeiro de 1930, na inauguração de sua exposição "Vinte anos de trabalho".

impregnam o poema, aproximando-a do leitor brasileiro, para que este tenha uma experiência rítmico-sonora semelhante à de um russo diante do original.

Outro ponto importantíssimo da sua concepção sobre os versos é o ritmo. Para Maiakóvski há a repetição de um som, um ruído primordial, e o poeta deve esforçar-se para organizá-los, como postulava seu amigo, o formalista Óssip Brik, em "Ritmo e sintaxe". Para o teórico, "o movimento rítmico é anterior ao verso"[60] e "no poeta, aparece antes a imagem indefinida de um complexo lírico dotado de estrutura fônica e rítmica e só depois essa estrutura transracional articula-se em palavras significantes".[61]

Em "Como fazer versos", Maiakóvski revela que, antes de pensar nas possibilidades sonoras e rítmicas do poema concretizado, sente continuamente um ritmo primordial:

"A medida se produz em mim em consequência da cobertura desta zoada rítmica, com palavras propostas pelo encargo social (o tempo todo, você se interroga: é esta a palavra certa? A quem vou lê--la? E será compreendida corretamente? etc.)."[62]

A sonoridade é, pois, a expressão material de um ritmo vital que antecede a composição do poema: "O ritmo é a força básica, a energia básica do verso. Não se pode explicá-lo, disto só se pode falar como se fala do magnetismo ou

[60] Óssip Brik, "Ritmo e sintaxe", em *Teoria da literatura: formalistas russos*, São Paulo, Globo, 1978, p. 132.

[61] *Idem*, p. 137.

[62] Vladímir Maiakóvski, "Como fazer versos", em Boris Schnaiderman, *A poética de Maiakóvski, op. cit.*, p. 188.

da eletricidade, o magnetismo e a eletricidade são formas de energia".[63]

Em sua poesia o ritmo é garantido pelo emprego de muitos recursos sonoros, especialmente, como vimos, as rimas inesperadas e ousadas, as rimas compostas e as rimas com número desigual de sílabas, as aliterações apoiadas nas estruturas pesadas e o jogo acentual. O pesquisador soviético M. P. Chtokmar defendeu a rima como a "genuína força motora do verso livre de Maiakóvski".[64]

"Para criar 'a palavra objetual', 'a palavra rude', isto é, fisicamente tangível [...]",[65] imprimia no poema o ritmo das marchas e dos tambores. Tal ritmo era obtido com o emprego da "sequência sonora pesada"[66] e de aliterações de sons consonantais. À forma pesada ele aliava o encargo social.

Quanto à métrica, Maiakóvski não se importava com os metros consagrados. Afirmou:

"Não conheço nem iambos nem troqueus, nunca os diferenciei, nem vou diferenciá-los. Não porque seja trabalho difícil, mas porque nunca precisei lidar com essas coisas em meu trabalho poético. E se os fragmentos desses metros se encontram no que escrevi, trata-se apenas de algo anotado de oi-

---

[63] *Idem*, p. 187.

[64] M. P. Chtokmar, *Tvortchestvo Maiakovskogo* (*A obra de Maia-kóvski*), Moscou, 1952, p. 303, *apud* D. E. Peterson, *op. cit.*, p. 419.

[65] Krystyna Pomorska, *Formalismo e futurismo: a teoria formalista russa e seu ambiente poético*, São Paulo, Perspectiva, 2010, p. 149.

[66] Não por acaso, quando Maiakóvski montou a peça O *percevejo* com Meyerhold, pediu a Chostakóvitch que compusesse a música inspirado nas marchas dos bombeiros. Cf. V. Katanian, *Maiakóvski: literatúrnaia khrónika*, Moscou, 1956, p. 369, *apud* A. M. Ripellino, *Maiakóvski e o teatro russo de vanguarda*, São Paulo, Perspectiva, 1971, p. 186.

tiva, pois essas melodias cacetes se encontram com demasiada frequência."[67]

Com efeito, o que se observa é a polimetria, a alternância de grupos de versos curtos e longos. Jakobson vê no âmago do verso declamatório de Maiakóvski um retorno às narrativas populares russas que não levam em conta as escansões acadêmicas e privilegiam a oralidade.[68]

Maiakóvski era a favor da economia na arte, ou seja, suprimia o que parecesse supérfluo, mantendo o essencial. Embora os poemas narrativos como *Sobre isto* não sejam concisos em sua extensão, pode-se falar, sim, em economia, na medida em que o poeta faz largo uso das construções elípticas que dinamizam o verso, surpreendem e, às vezes, turvam a compreensão.

Outro desafio da tradução diz respeito aos tempos e aspectos verbais que se alternam e se confundem. Para Thomson, *Sobre isto* talvez seja uma das mais complexas obras de Maiakóvski, em que a linha de pensamento salta para a frente e para trás, no espaço e no tempo.[69] Buscamos sempre soluções tradutórias que mantivessem a fluidez e o dinamismo temporais do poema.

Em relação à escolha das imagens, Maiakóvski guiava-se pela expressividade e, não raro, elas eram transformadas e estilizadas com o intuito de caricaturar. Uma leitura atenta da obra permite apreender a recorrência delas, o que Khardjiev chamou de "imagens obsessoras".[70] Segundo Khardjiev

---

[67] Vladímir Maiakóvski, "Como fazer versos", em Boris Schnaiderman, *A poética de Maiakóvski, op. cit.*, p. 173.

[68] Cf. D. E. Peterson, *op. cit.*, p. 419.

[69] R. D. B. Thomson, *op. cit.*, p. 194.

[70] N. Khardjiev e V. Trenine, *op. cit.*, p. 276.

e Trenin, foram "as condições do verso livre *oral* [que] deram a Maiakóvski a possibilidade de desenvolver com uma força extraordinária um sistema de novas imagens poéticas".[71] No campo da tradução das imagens, Paulo Vizioli[72] defende que "é necessário transpor o termo em sua estranheza" e que "o apagamento dessa estranheza pela introdução de elementos da língua-cultura de chegada significa que se saiu do domínio da tradução para entrar no da adaptação literária". Para Antoine Berman, a má tradução desconsidera o elemento estrangeiro e tende à naturalização.[73]

Acreditamos que a mesma postura deve se verificar na tradução da sintaxe típica do original, evitando romper a obliquidade da significância[74] do poema por meio de explicações excessivas. Novamente recorremos aos estudos dos manuscritos empreendidos por Khardjiev e Trenin, que perceberam uma tendência essencial à expressividade lacônica.[75] Aí reside certa contradição: se por um lado sua poesia é oral, por outro a sintaxe de Maiakóvski é rica em locuções que não se encontram na língua falada. Daí, por exemplo, a supressão frequente das preposições. Não raro, Maiakóvski "remaneja as partes de um poema, rompe a unidade das construções sintáticas e acentua, assim, seu dinamismo".[76]

---

[71] *Idem*, p. 232.

[72] Paulo Vizioli, "A tradução de poesia em língua inglesa", *Tradução & Comunicação*, n° 2, 1985, *apud* Álvaro Faleiros, *Traduzir o poema*, São Paulo, Ateliê, 2012, p. 31.

[73] Antoine Berman, *A prova do estrangeiro*, tradução de Maria Emília Pereira Chanut, Bauru, Edusc, 2002 (1984), *apud* Álvaro Faleiros, *op. cit.*, p. 17.

[74] Sobre tal conceito, ver Mário Laranjeira, *op. cit.*

[75] N. Khardjiev e V. Trenine, *op. cit.*, p. 246.

[76] *Idem*, p. 247.

Na tradução tentamos manter as mesmas construções e não desenvolver as elipses.

O princípio da economia também comanda os recursos sonoros, que se empregam, como exposto anteriormente, atrelados ao sentido e não somente como acessórios estéticos. Maiakóvski dizia: "não é obrigatório ornar o poema com aliterações rebuscadas e rimá-lo do início ao fim de maneira inusitada. Lembrem-se constantemente de que o regime de economia na arte é sempre uma regra importantíssima para toda produção de valores estéticos".[77]

A velocidade imprime-se no verso, não apenas foneticamente, mas também gráfica e sintaticamente. As semi-linhas asseguram o ritmo, o sentido, facilitam a reprodução oral[78] e conferem ao poema o *status* de objeto gráfico. Com a divisão em semi-linhas, Maiakóvski dizia que:

> "[...] não haverá nenhuma confusão, quer de ritmo, quer de sentido. A divisão das linhas é ditada às vezes também pela necessidade de estabelecer o ritmo sem possibilidade de erro, pois a nossa construção do verso, condensada e econômica, obriga frequentemente a eliminar palavras e sílabas intermediárias, e se depois dessas sílabas não se fizer uma pausa, com frequência maior que aquela que se faz entre os versos, o ritmo ficará rompido."[79]

---

[77] Vladímir Maiakóvski, "Como fazer versos", em Boris Schnaiderman, *A poética de Maiakóvski, op. cit.*, p. 198.

[78] Concebido para ser declamado, o verso de Maiakóvski apoia-se totalmente na voz. Cf. N. Khardjiev e V. Trenine, *op. cit.*, p. 248.

[79] Vladímir Maiakóvski, "Como fazer versos", em Boris Schnaiderman, *A poética de Maiakóvski, op. cit.*, p. 199.

As peculiaridades tipográficas de Maiakóvski, como as semi-linhas, têm como efeito mais imediato o estímulo a uma determinada declamação, pois forçam o leitor a uma "enunciação oratória precisa"[80] de determinadas passagens do poema. Elas destacam palavras e expressões, isolando-as e evitando que se percam em meio ao verso. Peterson diz que o outro lado do procedimento é a origem de uma sintaxe violenta que reforça o impacto do grotesco, do burlesco, do hiperbólico e do *nonsense*.[81]

A pontuação é outra característica importante que se tentou recuperar na tradução. Maiakóvski afirmou que "a nossa pontuação habitual, com pontos, vírgulas, sinais de interrogação e de exclamação, é demasiado pobre e pouco expressiva [...]. A medida e o ritmo da obra são mais significativos que a pontuação [...]".[82] Tentamos não acrescentar sinais de pontuação quando não existiam no original, ainda que tal decisão engendre, às vezes, um estranhamento em português.

A velocidade do verso, a oralidade da linguagem, a recuperação de jargões, gírias e a criação de neologismos, a aproximação dos opostos, a exploração do dissonante, a linguagem das ruas, o cotidiano das manchetes, a escolha de imagens expressivas, a paródia e a estilização: tudo era poesia em potencial. Para Maiakóvski, não havia palavra ou tema inadequado, tudo se transformava em material poético. A poesia permeava inclusive os *slogans* publicitários que ele desenvolvia para a loja estatal de departamentos Masselprom

---

[80] D. E. Peterson, *op. cit.*, p. 421.

[81] *Idem.*

[82] Vladímir Maiakóvski, "Como fazer versos", em Boris Schnaiderman, *A poética de Maiakóvski*, *op. cit.*, p. 199.

Posfácio

e os enormes cartazes informativos que confeccionava durante os anos pós-revolucionários: as janelas Rosta.

Krystyna Pomorska afirma que "Maiakóvski foi conhecido antes de tudo como um poeta que 'rebaixou' a linguagem poética, dando-lhe uma forte infusão de coloquialismos e jargões citadinos".[83] A esse respeito, o próprio poeta afirmou que a maior parte dos seus trabalhos "está construída segundo uma entonação coloquial".[84] Segundo Khardjiev, Maiakóvski louvava o nascimento de novas palavras criadas pela revolução, em virtude do desenvolvimento de novas relações sociais. Ele empregava neologismos soviéticos que muitas vezes "serviam de material para a construção de imagens grandiosas e líricas carregadas de emoção".[85]

Maiakóvski ampliou a função da poesia e do poeta, o qual deveria, segundo ele, criar as regras da nova poética impostas pela vida e pelas exigências sociais. Seu principal interesse era, então, a "oficina poética": o poeta-operário tinha na poesia seu ofício, especializado, complexo, mas passível de sistematização. Jakobson tinha razão: "a poesia de Maiakóvski é qualitativamente diferente de tudo o que foi o verso russo antes dele, [...] a estrutura da sua poesia é profundamente original e revolucionária".[86] Poeta visionário, indiscutível voz da modernidade, é sempre um prazer e uma grande descoberta ressuscitá-lo por meio de uma nova tradução.

[83] Krystyna Pomorska, *op. cit.*, p. 149.

[84] Vladímir Maiakóvski, "Como fazer versos", em Boris Schnaiderman, *A poética de Maiakóvski, op. cit.*, p. 198.

[85] N. Khardjiev e V. Trenine, *op. cit.*, p. 318.

[86] Roman Jakobson, *A geração que esbanjou seus poetas, op. cit.*, p. 9.

REFERÊNCIAS BIBLIOGRÁFICAS

AZENHA JR., João. "Transferência cultural em tradução: contextualização, desdobramentos, desafios". *TradTerm*, vol. 16, pp. 37-66, 2010.

BERMAN, Antoine. *A prova do estrangeiro*. Tradução de Maria Emília Pereira Chanut. Bauru: Edusc, 2002 (1984).

BRIK, Óssip. "Ritmo e sintaxe". In: *Teoria da literatura: formalistas russos*. São Paulo: Globo, 1978.

CAVALIERE, Arlete. "O teatro de Maiakóvski: mistério ou bufo?". In: *Teatro russo: percurso para um estudo da paródia e do grotesco*. São Paulo: Humanitas, 2009.

CHKLÓVSKI, Viktor. *O Maiakovskom (Sobre Maiakóvski)*. Moscou, 1940.

CHTOKMAR, M. P. *Tvortchestvo Maiakovskogo (A obra de Maiakóvski)*. Moscou, 1952.

DOSTOIÉVSKI, Fiódor. *Le double*. Prefácio de André Green. Paris: Gallimard, 1980.

FALEIROS, Álvaro. *Traduzir o poema*. São Paulo: Ateliê, 2012.

JAKOBSON, Roman. *Six leçons sur le son et le sens*. Paris: Éditions de Minuit, 1976.

_____. *Russie, folie, poésie*. Paris: Seuil, 1986.

_____. *A geração que esbanjou seus poetas*. São Paulo: Cosac Naify, 2006.

JANGFELDT, Bengt (org.). *Liubov'-eto serdtse vsego. V. V. Maiakóvski — Lilia Brik. Perepiska. 1915-1930 (O amor é o coração de todas as coisas. V. V. Maiakóvski — Lília Brik. Correspondência. 1915-1930)*. Moscou: Kniga, 1991.

_____. *La vie en jeu: une biographie de Vladimir Maïakovski*. Paris: Albin Michel, 2010.

KATANIAN, V. *Maiakóvski: literatúrnaia khrónika (Maiakóvski: crônica literária)*. Moscou: Khudojestvennaia Literatura, 1956.

KHARDJIEV, N.; TRENINE, V. *La culture poétique de Maïakovski*. Lausanne: L'Âge d'Homme, 1982.

LARANJEIRA, Mário. *Poética da tradução*. São Paulo: Edusp, 2003.

LIVCHITS, Benedikt. *L'archer à un oeil et demi*. Lausanne: L'Âge d'Homme, 1986.

Posfácio

MAIAKÓVSKI, Vladímir. *Pólnoie sobránie sotchniénii v trinátsati tomakh* (*Obras completas em treze volumes*). Moscou: Gosudarstvennoie Izdatel'stvo, Khodojestvennoi Literatury, 1957, IV, pp. 19-20.

_____. *Poesia russa moderna*. Tradução de Augusto de Campos, Haroldo de Campos e Boris Schnaiderman. São Paulo: Perspectiva, 2001.

_____. *Di questo*. Tradução e prefácio de Anna Zorini. Florença: Passagli, 2009.

_____. *Maiakóvski — Poemas*. Tradução de Augusto de Campos, Haroldo de Campos e Boris Schnaiderman. São Paulo: Perspectiva, 2003.

_____. *O percevejo*. Tradução de Luís Antônio Martinez Corrêa. Posfácio de Boris Schnaiderman. São Paulo: Editora 34, 2009.

PASTERNAK, Boris. *Doutor Jivago*. Tradução de Zoia Prestes. Rio de Janeiro: Record, 2002.

PETERSON, D. E. "Mayakovsky and Whitman: The Icon and the Mosaic". *Slavic Review*, vol. 28, nº 3, set. 1969, pp. 416-25, Association for Slavic, East European, and Eurasian Studies Stable, <http://www.jstor.org/stable/2494019>, último acesso em 22/9/2011.

POMORSKA, Krystyna. *Formalismo e futurismo: a teoria formalista russa e seu ambiente poético*. São Paulo: Perspectiva, 2010.

RIPELLINO, A. M. *Maiakóvski e o teatro russo de vanguarda*. São Paulo: Perspectiva, 1971.

SCHNAIDERMAN, Boris. *A poética de Maiakóvski*. São Paulo: Perspectiva, 1971.

_____. *Tradução, ato desmedido*. São Paulo: Perspectiva, 2011.

TCHEKHOV, A. P. *A dama do cachorrinho e outros contos*. Tradução de Boris Schnaiderman. São Paulo: Editora 34, 1999.

THOMSON, R. D. B. "Mayakovsky and His Time Imagery". *The Slavonic and East European Review*, vol. 48, nº 111, abr. 1970, pp. 181-200, Modern Humanities Research Association/University College London, School of Slavonic and East European Studies Stable, <http://www.jstor.org/stable/4206198>, último acesso em 22/9/2011.

VIZIOLI, Paulo. "A tradução de poesia em língua inglesa". *Tradução & Comunicação*, nº 2, 1985.

ANEXOS

CARTAS DE MAIAKÓVSKI E LÍLIA BRIK[1]

1) VM-LB[2] [28 de dezembro de 1922][3]

Liliók[4]

Vejo que está firme em sua decisão. Sei que minha insistência lhe causa dor. Mas Liliók o que me aconteceu hoje é

[1] A presente seleção de cartas, escritas entre dezembro de 1922 e fevereiro de 1923, foi traduzida diretamente do russo por Letícia Mei. A correspondência integral de Maiakóvski e Lília Brik entre 1915 e 1930 se encontra no livro *Liubov' sérdtse vsegó* (*O amor é o coração de tudo*), organizado por Bengt Jangfeldt e publicado pela primeira vez na União Soviética em 1982. As notas dessa edição são indicadas por (N. E.).

[2] A disposição das iniciais VM (Vladímir Maiakóvski) e LB (Lília Brik) indicam, respectivamente, remetente e destinatário.

[3] A maioria das cartas trocadas por Maiakóvski e Lília Brik não foi datada. Entre colchetes indica-se a data precisa ou estimada, segundo a edição russa. Esta foi a primeira carta escrita por Maiakóvski a Lília após a briga que levou à separação e à reclusão do poeta por dois meses, em seu apartamento na passagem Lubiánski, em Moscou. Durante o período, combinaram de não se comunicar por nenhum meio, mas a profusão de cartas do poeta mostra que a promessa não foi cumprida. No original são evidentes os traços da escrita telegráfica e apressada, que negligencia os sinais de pontuação e desafia a sintaxe tradicional, o que revela, entre outras coisas, o desespero em que se encontrava.

[4] Nas 32 cartas aqui reunidas, há várias formas de tratamento usadas pelos interlocutores. Maiakóvski dirige-se a Lília de diversas maneiras, sempre empregando a criatividade na concepção das formas diminutivas e dos apelidos íntimos e carinhosos, muitas vezes incomuns mesmo para um russo. A tradução buscou preservar tal variedade e estranhamento.

terrível demais para que eu não me agarre a este último fiozinho de esperança esta carta.

Nunca foi tão difícil para mim — talvez eu tenha realmente amadurecido demais. Antes quando você me enxotava eu acreditava no reencontro. Mas agora sinto que me arrancaram *completamente*[5] a vida que não haverá mais nada nunca. Não há vida sem você. Eu sempre disse isso sempre soube e agora sinto sinto com todo o meu ser tudo tudo o que pensava com prazer agora não tem nenhum valor para mim — é repulsivo.

Não estou ameaçando não estou arrancando o perdão. Não vou fazer nada nada contra mim — para mim é terrível demais pensar na mamãe e em Liúda,[6] desde aquele dia o pensamento sobre Liúda não me sai da cabeça.[7] Isto também é um amadurecimento sentimental. Eu não posso te prometer nada. Sei que não há promessa na qual você acreditaria. Sei que não existe uma maneira de te ver, de fazer as pazes que não te faça sofrer.

E mesmo assim não consigo deixar de escrever de te pedir para me perdoar por tudo.

Se esta decisão foi difícil para você se a tomou lutando contra si mesma, se quer tentar uma última vez você vai perdoar você vai responder.

---

[5] Os grifos são do original.

[6] Liudmila Maiakóvskaia (1884-1972), a irmã mais velha de Vladímir Maiakóvski.

[7] Talvez se trate de uma referência a uma das muitas tentativas de suicídio de Maiakóvski. Lília relata que em 1917 as ameaças se intensificaram. Em um dos episódios, ele lhe telefonou dizendo "Vou me dar um tiro. Adeus, Lílik". Ela correu até seu apartamento e lá o encontrou com o revólver sobre a mesa. Maiakóvski disse-lhe "Eu disparei, mas o revólver travou. Não consegui atirar pela segunda vez, então te esperei". Cf. Bengt Jangfeldt, *La vie en jeu*, Paris, Albin Michel, 2010.

Mas mesmo que não responda *você* é meu único pensamento do mesmo jeito que te amava há sete anos amo neste exato momento o que quer que deseje, o que quer que ordene eu farei na hora farei com entusiasmo. Como é terrível separar-se sabendo que ama e que é o culpado da separação.

Estou sentado em um café chorando aos berros as atendentes dão risada de mim. É terrível pensar que daqui em diante a minha vida inteira será assim.

Escrevo apenas sobre mim não sobre você. Para mim é terrível pensar que você está tranquila e que a cada segundo que passa você se afasta de mim e que daqui a pouco eu serei completamente esquecido.

Se esta carta te fizer sentir algo além de dor e repulsa responde pelo amor de deus responde correrei imediatamente para casa e ficarei esperando. Senão será uma dor terrível terrível (30-32).[8]

Um beijo. Sou todo seu.

Eu

Agora são 10 horas se não responder até as 11 saberei que não há nada a esperar.

2) VM-LB [28 de dezembro de 1922]

Estou preso[9] com satisfação moral mas com crescente tormento físico. Respeitarei até o último segundo os dois me-

---

[8] Número de telefone de Maiakóvski no apartamento da Lubiánski.

[9] Daqui em diante haverá frequentes menções à reclusão de Maiakóvski em seu apartamento, comparado a uma prisão. Durante o período de isolamento ele compôs o poema *Sobre isto*.

ses. Vou medir as pessoas pelo modo como me tratam duran-
te esses dois meses. A razão me diz que não se deve fazer isso
com um ser humano. Diante de todas as circunstâncias da
minha vida se algo assim acontecesse com Lítchka eu acaba-
ria com isso no mesmo dia. Se Lílik me ama (eu sinto isso
com todo o coração), ela vai acabar com isso ou de algum
modo vai aliviar. Ela deve sentir isso, deve compreender. Eu
estarei com Lílik às 14h30 do dia 28 de fevereiro. Se até uma
hora antes do prazo final Lílik não tiver feito nada saberei
que sou um idiota apaixonado e para Lílik uma cobaia.

Vol.[10]   28 de dezembro

Agora estou pensando — Lílik não fará nada. Felicida-
de, se isto for por [...].[11]

3) VM-LB [início de janeiro de 1923]

Lílik
Eu te escrevo agora pois na presença de Kólia[12] não po-
dia te responder. Tenho que te escrever agora mesmo para
que minha alegria não me impeça de entender qualquer coi-
sa de agora em diante.
Sua carta[13] me dá esperanças com as quais não ouso
contar de forma alguma e com as quais não quero contar,

---

[10] Abreviação de Volódia, hipocorístico de Vladímir.

[11] Trecho apagado no original. (N. E.)

[12] Trata-se do poeta Nikolai Asséiev (1889-1964), que entregara um
bilhete de Lília a Maiakóvski.

[13] Segundo Lília, a presente carta foi uma resposta de Maiakóvski a
um bilhete anterior em que ela afirmava amá-lo. (N. E.)

pois qualquer cálculo baseado na nossa antiga relação está errado. Um novo relacionamento poderá se formar somente depois que me tiver conhecido como sou agora.

Mesmo os bilhetinhos que te mando não devem e não podem ser levados em conta por você — pois somente no dia 28 devo e poderei tomar qualquer decisão sobre nossa vida (se houver tal vida). Isso é absolutamente justo — pois se eu tivesse o direito e a possibilidade de decidir qualquer coisa de definitivo sobre a vida neste exato momento, se pudesse garantir a teus olhos que estou certo — você perguntaria hoje e hoje mesmo eu te responderia. E em um minuto seria já um homem feliz. Se esse pensamento se destruísse em mim eu perderia toda a força e toda a fé na necessidade de aguentar todo o meu horror.

Eu me agarrei à tua carta com uma infantil fúria lírica.

Mas você deve saber que *no dia 28 encontrará uma pessoa absolutamente nova. Tudo o que acontecer entre você e ela começará a se formar não pelas teorias passadas mas pelos atos a partir de 28 de fevereiro por suas "ações" e pelas dela.*

Sou obrigado a te escrever esta carta porque neste momento estou tão abalado emocionalmente como não estive desde o momento da partida.

Você entende que tipo de amor por você, qual é o sentimento que me dita esta carta.

Se não te assusta um passeio um pouco arriscado com uma pessoa da qual antes sabia coisas apenas por ouvir dizer, que era um jovem bastante alegre e agradável, escreve escreve logo.

Peço e espero. Espero aqui embaixo uma resposta pela Ánnuchka.[14] Não posso não receber uma resposta sua. Você

---

[14] Anna Gubanova, cozinheira dos Brik. Aparece em *Sobre isto* nas

me responde como a um amigo inconveniente que se esforça para "alertar" sobre uma relação perigosa: "vai pro diabo, não é da sua conta — eu gosto assim!".

Você me deu a permissão para te escrever só quando eu *precisasse muito*: esse "muito" chegou agora.

Você deve pensar — para que ele escreve isso se tudo já está claro? Se assim te parece que bom. Me desculpe te escrever hoje quando você está com gente em casa — não quero que nesta carta haja nada artificial por causa dos nervos. E amanhã será assim. Esta é a carta mais séria da minha vida. Não é nem mesmo uma carta, é:

"a existência"

Eu inteiro abraço só o seu
    mindinho
      Cãozinho[15]

O próximo bilhete já será de um jovem do dia 27.

---

seções "A madrinha do duelo" (do capítulo I, "Balada da prisão de Reading") e "Os amigos" (do capítulo II, "A noite de Natal"), e em fotomontagem de Ródtchenko (ver p. 28).

[15] O apelido "Cãozinho" (e seus derivados) já havia aparecido em cartas anteriores. Ele remonta a um fato ocorrido no verão de 1919, em Púchkino, nos arredores de Moscou, onde Maiakóvski encontrou e adotou um filhote de cachorro ao qual deu o nome "Schen" ou "Cãozinho". Com a chegada de Schen, Maiakóvski passou a se identificar e ser identificado pelo mesmo apelido, que nas cartas era acompanhado de um desenho do animal. Como se percebe em *Sobre isto*, os animais ocupam um papel importante na vida e na obra do poeta. Aliás, o amor pelos animais era um importante traço em comum com Lília Brik. A partir de "Cãozinho" cada membro da "família" passou a ser representado por um animal: Maiakóvski por um filhote de cachorro, Lília por uma gatinha e Óssip Brik por um gato.

4) VM-LB [meados de janeiro de 1923]

Querida e amada Liliónok.

De agora em diante me proíbo rigorosa e terminantemente de te escrever qualquer coisa ou de alguma forma me manifestar em relação a você *às noites*. Este é o momento em que estou sempre um pouco fora de mim.

Depois de receber seus bilhetes tive uma "descarga" e posso e quero te escrever ao menos uma vez com calma.

Durante estes encontros[16] tenho uma aparência canalha, sinto muito nojo de mim mesmo.

Além disso, eu sei que mais do que tudo é isso que me faz mal. Você entende que deste jeito não sirvo para nada nem ninguém.

Entendo que toda vez que isto acontece, te dá arrepios pensar que talvez você tenha que lidar com uma carniça dessas.

Não se preocupe, bebê. Não serei assim. E se for assim, não deixarei que seus olhinhos me vejam.

Mais uma coisa: não se preocupe meu amado solzinhozinho[17] que eu queira arrancar algum bilhetinho sobre o teu amor. Entendo que os escreve sobretudo para que eu não sofra à toa. E com isto não estabeleço "obrigações" da sua parte e claro não espero conseguir nada por meio deles.

Cuide de sua tranquilidade e de você, bebezinha. Espero que um dia tenha prazer em me ver de novo, sem acordos, sem selvagerias de minha parte.

Eu juro pela sua vida, bebê, que com todo o meu ciúme,

[16] Referência aos encontros fortuitos entre os dois na rua ou nas redações.

[17] Uma das muitas formas de tratamento inventadas pelo poeta para se dirigir a Lília. Neste caso, a partir de um apelido carinhoso comum em russo, "solzinho" — que, aliás, aparece desta forma logo adiante.

por meio dele e através dele, estou sempre feliz por saber que você está bem e contente.

Não me xingue mais do que o necessário pelas cartas, bebê.

Beijo você e os passarinhozinhos[18]

Teu Cãozinho

5) LB-VL [meados de janeiro de 1923]

Estou contente!
Acredito que você possa se tornar aquele que sempre sonhei amar.

Tua Lília (dia 28!)
Mas também do 28 em diante — [*gatinha*][19]

6) VM-LB [19 de janeiro de 1923]

Moscou. Prisão de Reading[20] 19/I 23
Meu doce amado querido solzinho Liliónok

[18] Mais uma vez, ele brinca com as palavras e seus diminutivos criando formas incomuns em russo. No início de janeiro, Maiakóvski enviou a Lília um pássaro em uma gaiola como uma recordação de si mesmo. (N. E.)

[19] As observações entre colchetes referem-se aos desenhos que aparecem nas cartas originais como representação de Maiakóvski (cão) e Lília (gato). Na edição original foram publicados quase todos os desenhos feitos por Maiakóvski, enquanto os desenhos de Lília são apenas indicados entre colchetes.

[20] Referência ao poema *Balada da prisão de Reading*, de Oscar Wilde, mencionado explicitamente no título do capítulo I de *Sobre isto*.

Talvez (ótimo se for mesmo verdade!) o tonto do Lióvka tenha te afligido ontem falando dos meus nervos. Fique alegrinha! Eu ficarei. São bobagens e ninharias. Soube hoje que você ficou um pouco carrancuda, não faça isso, raiozinho!

Naturalmente você compreende que sem você uma pessoa culta não pode viver. Mas se esta pessoa tiver a mais minúscula esperancinha de te ver, então ficará muito, muito alegre. Eu ficaria feliz de te presentear com um brinquedo dez vezes maior somente para te ver sorrir. Tenho cinco pedacinhos de papel seus, eu os amo demais, somente um me aflige, o último — nele há simplesmente "Volóssik,[21] obrigada", e nos outros há uma continuação — estes são os meus preferidos.

Espero que não esteja muito zangada com as minhas cartas estúpidas. Se estiver zangada, não faça isso — é delas que me vêm todas as alegrias.

Ando sempre com você, escrevo com você, durmo com seu nomezinho felino e assim por diante.

Te beijo, se não tiver medo de ser estraçalhada por um cão feroz.

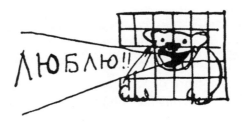

Teu cãozinho
que é também Oscar Wilde
que é também o prisioneiro de Chillon[22]

---

[21] Outro hipocorístico de Vladímir.

[22] Referência ao poema *O prisioneiro de Chillon* (1816), de Byron.

que é também:
estou preso — atrás das grades, no cárcere
— seco[23] (este sou eu seco, se precisar
ficarei gordo para você)
Amor lembre-se de mim [...].[24] Beije Klióst.[25] Diga a ele
para não fugir — pois eu não fujo

7) VM-LB [janeiro de 1923]

Querida, querida, Liliónok.
Sei que ainda está aflita, que ainda está carrancuda.
Cuide, bebê, de seus doces nervos.
Penso muito e bem de você.
Lembre-se de mim um pouquinho.
Precisamos muito viver bem.
Queria demais que fizéssemos isso juntos.
Se minha cabeça não explodir com esta ideia — vou imaginar.
Ame Klióst — ele se parece comigo: nariz grande (só que o meu é vermelho) e fica agarrado às grades (quando olha pela janela).
Viajo pelo globo já com você.
Prisioneiro de Chillon
Nome de solteiro Cãozinho

[23] Referência ao poema *O prisioneiro*, de Aleksandr Púchkin (1799-1837). O primeiro verso do poema diz "Estou preso atrás das grades, no úmido cárcere".

[24] Trecho apagado no original. (N. E.)

[25] Nome do passarinho que Maiakóvski dera a Lília.

[*No verso*]
Os beijos darei pessoalmente um dia desses. Posso?

8) LB-VM [janeiro de 1923]

Volóssik! Cachorrinho!
Te amo mais do que tudo no mundo. Em segundo lugar
— os passarinhos. Vamos viver juntos, *se assim você desejar.*
Tua Lília [*gatinha*]

9) VM-LB [antes de 31 de janeiro de 1923][26]

Doce querida Liliók.
Ao te enviar a carta, sei que você não vai responder. Óssia viu que eu não estava escrevendo. A carta é essa e ela está dentro da gaveta. Você não responderá, porque eu já fui substituído, porque já não existo para você porque você gostaria que eu nunca tivesse existido. Não quero te arrancar nada à força, nada, mas, Bebê, você não pode escrever duas linhazinhas para que não haja mais dor? Dói demais! Não seja mesquinha, mesmo depois dessas linhas — eu terei caminhos para sofrer. Uma linha não é você! Mas precisa dessa dor excessiva bebê! Se estou falando alguma bobagem ciumenta — escreve — por favor. Se for verdade — não diga nada. Só não minta — pelo amor de deus.

[26] O tom desta carta comparado ao bilhete anterior sugere uma lacuna na reunião da correspondência entre Maiakóvski e Lília Brik.

Cartas de Maiakóvski e Lília Brik

10) LB-VM [antes de 31 de janeiro de 1923]

Não sou mesquinha, Volódik; não quero "correspondência"! *Você* não foi substituído. É *verdade*, mesmo que eu não seja obrigada a ser sincera com você. Um beijo e um abraço apertado. Klióst manda lembranças, tinha fugido, mas eu mesma o apanhei, acariciei as peninhas e o beijei em seu nome.
[*gatinha*]

11) VM-LB [31 de janeiro de 1923][27]

Beijo a querida Gatinha
[*cachorrinho*]
31/I 23

*A senhora não deixa nem as cartas chegarem perto —
Pôs-se o disco da cabeça.[28]
Isto Gatinha não é uma "correspondência".
Isto é só uma corresPIOndência.

---

[27] Dedicatória em versos do primeiro volume da coletânea das obras de Maiakóvski, *Treze anos de trabalho*, publicado nesta data. (N. E.)

[28] Brincadeira com "disco solar" e o poente.

12) LB-VM [por volta de 31 de janeiro de 1923]

Um abraço e um beijo, Cachorrinzinho!
Obrigada pelo "pio"
Tua Lília
[*gatinha*] (tradutora-chefe)[29]

13) VM-LB [janeiro-fevereiro de 1923]

Lítchka.
Escreva alguma coisa aqui mesmo. Entregue a Ánnuchka. Ela vai trazer para mim aqui embaixo.
Não fique brava.
Em tudo vejo uma ameaça.
Você já está gostando de alguém. Você nem tocou no meu nome. Você tem sim. Estão todos me escondendo alguma coisa. Se me escrever enquanto a palavrinha não desaparecer, não vou te incomodar.

14) VM-LB [janeiro-fevereiro de 1923]

Fiquei contente demais por encontrar as "gatinhas trabalhadoras".[30]
Beijo a colaboradora gatesca.

[*cachorrinho triste*]

[29] Lília Brik traduziu para o primeiro número da revista *LEF* a tragédia O *fugitivo*, do alemão Karl Wittfogel (1896-1988). (N. E.)

[30] Segundo a edição original, eles se encontraram casualmente na Gossizdát, a editora estatal soviética.

15) LB-VM [janeiro-fevereiro de 1923]

Fiquei muito contente quando te vi, Cachorrinhozinho!
Te beijamos pelas flores.

Teus [*gatinha e dois passarinhos*]

16) LB-VM [7 de fevereiro de 1923]

Volóssik,
Você quer ir a Petersburgo no dia 28? Por quantos dias?
Se quiser, nos encontramos na estação central. Escreva-
-me no dia 27, a que horas e mande a passagem.

Se tiver dinheiro sobrando, reserve um quarto no Hotel
Europa, para que nenhum Tchukóvski[31] fique sabendo da
nossa chegada.

Não diga não conte a ninguém, nem mesmo a Óska.

Lília

17) LB-VM [primeira quinzena de fevereiro de 1923]

Doce Volódenka, estou doente. Febre de 38,1. Estou de
cama.[32] Como está a sua saúde?

---

[31] A relação estremecida com o crítico e escritor Kornei Tchukóvski
(1882-1969) teve origem em um boato difundido em 1918. Tchukóvski
teria sabido por um médico que Maiakóvski havia contraído sífilis e con-
taminado uma moça. A história falsa se espalhou com a ajuda de Maksim
Górki (1868-1936). A relação de Maiakóvski com os dois escritores nun-
ca mais foi a mesma. (N. E.)

[32] Esta informação aparece literalmente em *Sobre isto*, na seção "Pe-

Um beijo
Lília

18) VM-LB [primeira quinzena de fevereiro de 1923]

Um beijo, bebê!
Estou terrivelmente preocupado pelos seus 38,5.
Não pude de jeito nenhum te dar um beijo nesses dias porque eu mesmo só me levantei hoje.
Fique boa logo querida por favor!

Teu Cachorritinho
Triste não poder dar uma passada aí.

19) LB-VM [primeira quinzena de fevereiro de 1923]

Cachorrinzinho, você me mandou um bilhete tão triste, deu até vontade de chorar! Tenho medo de te beijar, estou com uma droga de espanhola[33] — e você pode pegar!
Mesmo assim, te beijo entre os olhinhos.

Tua Lília
[*gatinha acamada*]

lo cabo corre um número" (do capítulo I, "Balada da prisão de Reading"): "Ela está doente!/ De cama!".

[33] A gripe espanhola.

20) VM-LB [primeira quinzena de fevereiro de 1923]

Raposinha, Lítchka, Raiozinho, Liliónok Luazinha, Doninha, Fofinha Neném, Solzito, Cometinha, Estrelinha, Neném, Bebê Querida Gatinha
Filhotinho de Gato[34]
Beijo você e sua espanhola (ou melhor, o seu espanhol, porque não quero beijar nenhuma espanhola).

Te mando todas as minhas bobagens
Sorria, Gatinha
Te mando até uma besteira minha do *Izvéstiia*[35]
De repente te faz rir um pouquinho!
    Um beijo
        Teu

[34] Longa sequência de apelidos íntimos e carinhosos derivados do nome Lília, assim como de animais e corpos celestes. É importante notar que tais formas de tratamento não são todas usuais em russo, são criações do poeta.

[35] Jornal com o qual contribuía Maiakóvski. Trata-se do poema *Sobre "fiascos", "apologias" e outras coisas desconhecidas*, publicado no *Izvéstiia* do dia 21 de fevereiro de 1923.

Não é possível te aplicarem mais "unguentos"?
E eu?

21) LB-VM [primeira quinzena de fevereiro de 1923]

Volóssik, obrigada por todas as coisas. As flores são magníficas. Mas o livro é uma droga — tanto a capa quanto o sumário![36] Estou irritada como o diabo! Mas os versos do *Izvéstiia* são divertidos!
Um beijo.
                    Tua Lília
                        [*gatinha*]

22) VM-LB [primeira quinzena de fevereiro de 1923]

Beijo Gatinhazinha
O livro não pode ser uma droga porque nele está escrito "A Lília" e porque dentro estão as tuas coisas![37]
                    Teu cachorrinho

[36] Referência à coletânea *Lírica* publicada na primeira quinzena de fevereiro de 1923. O livro reunia todos os poemas longos de amor dedicados a Lília Brik: *Flauta de vértebras*, *Amo* e *O homem*. (N. E.)

[37] Sobre o livro havia, como sempre, uma dedicatória impressa, "A Lília". A crítica de Lília Brik ao sumário se deve à desorganização dos subtítulos dos poemas longos, que davam ao leitor a impressão errônea de que se tratava de vários poemas curtos, sem associação entre si. A capa era de autoria de Anton Lavínski (1893-1968). (N. E.)

23) LB-VM [11 de fevereiro de 1923]

Volódia, já que na minha ausência, você "deu em cima" da Oksana[38] assim como de todas as outras mulheres (ela mesma me contou), melhor evitar a laranja.[39] Esta carta não conta. *Ninguém* deve saber dela. *Não responda.* Se não fosse pela febre — não a teria escrito. Claro que é uma bobagem, mas saiba que tenho conhecimento de todos os pormenores de todos os seus casinhos líricos.

24) VM-LB [11 de fevereiro de 1923]

Lítchka
Teu bilhete para mim é mais do que um tremendo desgosto é um sofrimento sem saída.
É preciso saber da minha vida atual para pensar em algum tipo de "casinho" o terrível não é a desconfiança, o terrível é que eu com todo o infinito amor que tenho por você não consiga saber tudo o que pode te afligir. O que preciso fazer no futuro? Só porque estou absolutamente doente é que me dou ao luxo de te escrever apesar da tua proibição.
Penetrarei ainda mais profundamente em mim mesmo, sem entender nada, completamente abatido.
Você precisa de mim ou não?
                                        Teu Cãozinho apaixonado
Será que você rompeu comigo?

[38] Referência a Oksana Asséieva, mulher de Nikolai Asséiev.
[39] Provável menção a um dos presentes de Maiakóvski a Lília.

25) LB-VM [por volta de 11 de fevereiro de 1923]

Volóssik, eu te amo. Faça o que quiser. Prepare-se para o dia 28. Eu estou esperando tanto. Estou me sentindo muito mal e não pude me conter — escrevi sobre a laranja.

Abraço e beijo a sua careca inteira

Sua Lília [*gatinha*]

26) VM-LB [fevereiro de 1923]

Lítchka

Continuo achando que você mudou de ideia quanto a me ver, mas por algum motivo não se decide a me dizer: que pena.

Será que estou certo?

Se não quer escreva agora, se me disser isso no dia 28 (sem me ver) não sobreviverei.

Você não é de jeito nenhum *obrigada* a me amar, mas me diga isso você mesma. Eu te imploro. É obvio que você não me ama, mas me diga isso com um pouco de carinho. Às vezes acho que esta execução foi inventada para mim em grupo — me mandar pro diabo no dia 28! Por mais que eu seja uma porcaria, sou apesar de tudo um pouco ser humano. Simplesmente me dói. Todos se referem a mim como um mendigo sarnento: dão esmola se pede e saem correndo pra outra rua. Dói escrever estas cartas e é terrível mandá-las pelos empregados dos Grinberg.[40] Mas bebê responda (isto é mesmo "muito necessário"). Ficarei esperando aqui embaixo. Nun-

---

[40] Com a coletivização das moradias após a revolução, Roman Nikoláievitch Grinberg (1893-1969) passou a dividir o apartamento da travessa Vodopiáni com os Brik.

ca nunca mais na vida serei assim. Nem devo. Bebê se escrever alguma coisinha já ficarei mais calmo até pegar o *trem*. Mas escreva exatamente a verdade.

Um beijo, teu cãozinho

27) LB-VM [fevereiro de 1923]

Volóssik, bebê, cachorrinho, *quero* ir com você a Petersburgo no dia 28.

Não espere nada de ruim! Eu acredito que tudo ficará bem.

Um beijo e um abraço apertado.

Sua Lília

[*gatinha*]

28) VM-LB [23 de fevereiro de 1923]

Raposinha Gatinha

Eu poderei te mandar a passagem apenas no dia 28 (só entregam no dia da partida) no máximo até as cinco para as três (vou me esforçar) pois à três se encerra o prazo e ainda ficar esperando perto do semáforo é uma tristeza só.

Lílik você tem que arranjar sem falta uma permissão de moradia[41] (talvez no *domkom*[42]) para que te registrem como

---

[41] Lília pretendia mudar-se para o apartamento de Maiakóvski na passagem Lubiánski ou, ao menos, obter o registro para ocupar o imóvel: Maiakóvski viajava frequentemente ao exterior e queria, desta forma, garantir o cômodo no apartamento.

[42] Abreviação de Domovói Komitiét, o comitê do condomínio.

moradora — eu não consegui arranjar nenhum atestado para você. Em todo caso se você for trocar o documento estrangeiro pela carteira de trabalho mando para você um bilhete pelo Tómtchin[43] — para não ter que esperar à toa.
Bebê
Não consigo deixar de sentir que você ficaria feliz em não me ver nunca mais.
Vamos fazer de conta que isto não é verdade.
Beijo para a Gatinha e os passarinhos
    Teu

    Acabei de ver o camarada Tómtchin — prometeu não perder o documento — mas faça o que achar melhor. De qualquer jeito em caso de partida vai ter que trocar ou entregar.
    O endereço é rua Petróvski onde fica a polícia (no pátio), 2º andar à esquerda.
    Outro beijo

[43] A esta carta estava anexado um bilhete para Tómtchin, funcionário do Mossoviét (abreviação de Moskóvskii Gorodskói Soviét, órgão máximo da administração da cidade de Moscou entre 1917 e 1993), a quem Maiakóvski pediu ajuda para resolver as questões burocráticas relativas ao registro de Lília Brik como moradora de seu apartamento.

29) VM-LB [fim de fevereiro de 1923]

Bebê gatinho!
Só posso receber a passagem no dia 28 (pois só entregam no dia da partida).
Quando parte o trem — ainda não sei — acho que à noite.
Mandarei a passagem até as três, te escreverei, então, a hora exata da partida do trem.
Um beijo, queridinha
Teu

30) VM-LB [28 de fevereiro de 1923]

Querido bebê
Te envio a passagem.
O trem parte às 8 horas em ponto.
Nos encontramos no vagão.
Um beijo, teu

28/II 23

31) VM-LB [28 de fevereiro de 1923]

"Os dias sombrios se foram
A hora da redenção chegou
Com coragem camaradas, adiante etc."[44]
    Um beijo, teu
            3 horas e 1 minuto, 28/II 23

32) VM-LB [1-27 fevereiro de 1923][45]

Solzinho Lítchka!
Hoje é 1º de fevereiro. Decidi há um mês começar a escrever esta carta. Passaram-se 35 dias. São pelo menos 500 horas de pensamento ininterrupto!
Escrevo porque não estou mais em condições de pensar sobre isso (minha cabeça fica confusa se não falo), porque

---

[44] Marcha revolucionária russa. (N. E.)

[45] Segundo a edição russa, a carta foi escrita no mesmo papel em formato grande utilizado para a redação do poema *Sobre isto*. O original não foi integralmente conservado. Na verdade, é uma espécie de diário em que Maiakóvski aborda não só a separação, mas sua relação com o amor e com a poesia. Cheia de referências a *Sobre isto*, esta carta nunca foi enviada: Lília a encontrou somente após o suicídio do poeta, em uma gaveta da escrivaninha. Lá estavam um pacote com as cartas de Lília e algumas fotografias dela, tudo envolto na carta-diário endereçada à sua musa. Maiakóvski nunca as havia mencionado a ninguém.

penso que tudo está claro agora (relativamente, óbvio) e, em terceiro lugar, porque simplesmente tenho medo de me alegrar tanto no momento do nosso encontro e que você possa receber, ou mais precisamente que eu te entregue, disfarçadas de alegria e ironia, minhas velhas bobagens. Esta carta escrevo com muita seriedade. Eu a escreverei somente de manhã, quando a mente ainda está limpa e não tem o cansaço, o rancor e a irritação noturnos.

De todo modo deixo margens para que, se mudar de ideia sobre alguma coisa, eu possa anotar.

Vou me esforçar nesta carta para evitar todo o tipo de "emoção" ou "condição".

Esta carta é somente sobre o que atestei e refleti nesses meses — somente sobre fatos (*1º de fev.*) [...]

Você deverá absolutamente ler esta carta e pensar em mim por um minutinho. Eu estou tão infinitamente feliz por você existir, por tudo o que é seu, mesmo o que não tem relação comigo, que não quero acreditar que eu mesmo não seja importante para você. [...]

O que fazer com a "velharia"

Será que eu consigo ser diferente?

Para mim é incompreensível que eu tenha me tornado assim.

Eu, que durante o ano inteiro jogava para fora do quarto o colchão, até os bancos, eu, que três vezes levei uma vida "não muito convencional", assim como hoje — como pude, como ousei ser comido pela traça doméstica?

Isto não é justificativa, Lítchika, é apenas uma nova prova contra mim, uma nova confirmação de que eu realmente relaxei.

Mas, bebê, seja qual for a minha culpa, o castigo será suficiente para cada uma delas — não só por causa desses meses, mas porque agora para mim simplesmente não há nem passado recente nem remoto, há só um pavor sem trégua que perdura até o dia de hoje. Horror não é uma palavra Lílitchka, é um estado — eu hoje poderia dar uma descrição com carne e sangue de todas as desgraças humanas. Suportarei o meu castigo como se fosse merecido. Mas não quero ter motivo para me sujeitar a ele de novo. Para mim o passado até o dia 28 de dezembro, para mim em relação a você até o dia 28 de fevereiro — não existe nem em palavras, nem em cartas, nem em ações.

Nunca mais existirá o cotidiano em nada! Nada do velho cotidiano passará — isto eu prometo com certeza. Isto eu garanto de qualquer jeito. Se eu não conseguir, não te verei nunca mais, mesmo depois de visto e acariciado por você — se eu vir novamente o princípio do cotidiano, fugirei. (Para mim é engraçado falar agora disto, eu, que há dois meses vivo só para te ver no dia 28 de fevereiro, às 3 horas sem nem ter certeza de que você o permitirá).

A minha decisão não vai estragar a tua vida nem com a minha respiração — isto é o mais importante. Você estar melhor sem mim do que comigo nem que seja por um mês, nem que seja por um dia, é um belo golpe.

Este é o meu desejo, a minha esperança. Agora não conheço a minha força. Se a forcinha faltar um pouco — me ajuda, bebê. Se me tornar um verdadeiro trapo — espanem o pó das escadas. A velharia acabou † (3 de fev., 9h8m).

Hoje (como sempre aos domingos) e ainda mais desde ontem não estou bem. Vou me abster de escrever. Mais uma coisa me atormenta: ontem comentei de forma tola com Óska sobre a conclusão do meu poema: o resultado é um tipo de chantagem pelo "perdão" — uma situação realmente tola. De propósito não vou terminar o poema nesse mês. Isso também é uma espécie de cotidianice poética, chamar atenção especial para o fato. Os que falam sobre o poema devem achar que inventei um meio de causar intriga. Tão velho procedimento! Desculpe-me, Lílik: deixei escapar sobre o poema de certa forma pelo meu mau humor (4/II).

Hoje estou de muito "bom" humor. Ainda anteontem estava pensando que não seria possível viver pior. Ontem me convenci de que pode ser pior — quer dizer que anteontem não estava tão mal assim.

Uma vantagem disso tudo: os últimos versos, que até ontem me pareciam duvidosos, tornaram-se firmes e sólidos.

A propósito da minha prisão

Cumpro minha pena até o dia de hoje com uma honestidade escrupulosa, com certeza do mesmo jeito ficarei preso até as 3 horas do dia 28 de fevereiro. Por que estou preso? Porque amo? Porque sou *obrigado*? Por causa das relações?

De jeito nenhum!!!

Estou aqui só porque eu mesmo quero ficar, quero refletir sobre mim mesmo e sobre a minha vida.

E ainda que não seja assim, quero pensar e pensarei que é exatamente assim. Caso contrário nada disso teria nem nome, nem justificativa.

Só pensando assim, pude te escrever bilhetes sem mentir — que "estou aqui preso com prazer" etc.

Será que em geral é possível mesmo viver assim?

É possível, só que não por muito tempo. Aquele que conseguir viver ao menos esses 39 dias, poderá tranquilamente receber um atestado de imortalidade.

Por isso não tenho a mínima ideia da organização da minha vida futura com base nesta experiência. Jamais na minha vida repetirei nenhum destes 39 dias.

Só posso falar dos pensamentos, das convicções, das crenças que estão se formando em mim até o dia 28 e que serão o ponto de partida do qual será possível começar todo o resto, o ponto do qual será possível traçar quantas linhas quiser e tantas quantas quiserem para mim.

Se você não tivesse me conhecido antes, esta carta seria totalmente inútil, a vida decidiria tudo. Só porque durante as navegações passadas a sua imaginação colou em mim um milhão de conchinhas — hábitos e outras porcarias — só por isso na hora de me recomendar você ainda precisa, além do meu sobrenome, deste roteiro.

E agora sobre o que foi criado:

Será que te amo? (5/II 23)

Eu amo, amo, apesar de tudo e graças a tudo, amei, amo e amarei, quer você seja grossa comigo ou carinhosa, minha ou de outro. Amo apesar de tudo. Amém. É engraçado escrever sobre isto, você mesma sabe.

Eu estava com uma vontade enorme de escrever aqui. Eu reservei de propósito o dia para pensar sobre tudo isto com clareza. Mas nesta manhã estou com uma sensação insuportável de que tudo isso é inútil para você.

Somente o desejo de protocolar para mim mesmo me fez escrever essas linhas.

É pouco provável que um dia você leia o que está escrito aqui. De todo modo, não preciso me convencer por muito tempo. É uma pena que nos dias em que quis ser forte para você, as manhãs foram marcadas por esta dor infinita. Se eu não conseguir de jeito nenhum me conter — não escreverei mais (6/II). [...]

De novo sobre o meu amor. Sobre a famigerada atividade. Será que para mim o amor dá conta de tudo? Tudo, só que de outra forma. O amor é a vida, é o mais importante. A partir dele se desenrolam os versos, as coisas e todo o resto. O amor é o coração de tudo. Se o coração para de trabalhar, todo o resto morre, se torna inútil. Mas se o coração trabalha, ele não pode deixar de se manifestar em tudo isto. Sem você (não sem você "quando viaja", mas "interiormente" sem você), eu paro de existir. Sempre foi assim, também é agora. Mas se não tem "atividade" — estou morto. Será que isto significa que posso me comportar de qualquer jeito, desde que me agarre a você? Não. A situação que você comentou no momento da separação "o que fazer, eu mesma não sou santa, eu, por exemplo, gosto de 'beber chá'".[46] Esta situação diante do amor se torna totalmente impossível. [...]

A propósito do seu convite

Queria te perguntar se você me ama, mas a tua carta[47] me desconcertou tanto, que devo a mim mesmo me deter nela mais uma vez.

Será que esta carta pode ser uma *continuação* da nossa relação? Não, de modo algum, não.

Entenda, bebê! Nós nos separamos para refletir sobre a nossa vida futura, você é que não quis insistir na continuação das relações, de repente ontem você decidiu que a relação comigo é possível, então por que não partimos ontem, mas só daqui a três semanas? Por que estou proibido?

Este pensamento nem deve me passar pela cabeça, caso contrário a minha reclusão não seria voluntária, mas uma prisão forçada, com a qual nem por um segundo quero concordar.

Eu nunca conseguirei ser o criador das relações, se com um sinal do teu dedinho fico preso em casa berrando por dois meses, ao sinal do outro dedinho me precipito sem nem saber o que você pensa e, abandonando tudo, me lanço. Não com palavras, mas com ações, te provarei o que penso so-

---

[46] Para Maiakóvski o hábito de tomar chá representava a vitória do cotidiano opressivo e banal, ritual da vida burguesa e individualista. Nesta passagem, provavelmente Lília se refere ao fato de apreciar os pequenos confortos do dia a dia, como ela confidenciou algumas vezes.

[47] Ver carta nº 16.

bre tudo e sobre mim mesmo, também antes de fazer alguma coisa.

E farei somente o que decorre da minha vontade.

Vou a Píter.[48]

Vou porque, por dois meses, fiquei ocupado com o trabalho, estou cansado, quero descansar e me divertir.

Foi uma alegria inesperada também que esta viagem coincida com o desejo de partir de uma mulher da qual gosto demais.

Será que entre mim e ela pode haver algo? É pouco provável. De modo geral ela sempre me deu muito pouca atenção. Mas eu também não sou pouca coisa — vou tentar fazer com que ela goste de mim.

E se sim, o que será depois? Veremos. Ouvi dizer que esta mulher se cansa de tudo rapidamente. Que os apaixonados sofrem à sua volta aos montes, um recentemente por pouco não enlouqueceu. É preciso fazer tudo para se proteger de tal situação.

Para que eu participe de tudo isso, de antemão, marco a data do retorno (você pensa "faça o que quiser, contanto que seja feliz", pois então, começarei com isto), eu estarei em Moscou no dia 5,[49] farei de tudo para que no dia 5 não seja impedido de retornar a Moscou. Você entenderá isso, bebê. (8/II 23)

Será que você me ama?

Para você, provavelmente, esta é uma pergunta estranha — claro que ama. Mas será que é a *mim* que ama? Será que ama de modo que eu o sinta constantemente?

---

[48] São Petersburgo.

[49] Maiakóvski, de fato, participou de uma reunião da *LEF* em 5 de março de 1923. (N. E.)

Não. Eu já disse a Óssia. Você não tem amor por mim — você tem amor de modo geral, por tudo. Eu também ocupo um lugar nesse amor (pode ser que ele até seja grande), mas quando não interesso, me jogam fora como uma pedra de um rio, enquanto o teu amor emerge de novo sobre todo o resto. Isso é ruim? Não, para você é bom, gostaria de poder amar assim. [...]

Bebê, você lê isto e pensa — tudo mentira, não entende nada. Raiozinho, ainda que não seja assim, de todo modo é assim que *sinto*. É verdade, bebê, você me deu Petersburgo, mas como não pensou, bebê, que isso prolongaria em meio dia o prazo? Pense só, depois de viajar dois meses e demorar duas semanas para chegar perto, ainda ter que esperar metade de um dia perto de um semáforo![50] (14/II 23) [...]

Liliátik — tudo isso que escrevo não é para te acusar, se isso não for verdade, ficarei feliz em repensar tudo. Escrevo para que fique claro para você — e você deve pensar um pouco em mim.

Se não tiver um pouco de "leveza" não vou prestar para nenhuma vida. Só poderei como faço agora te provar o meu amor por meio de um trabalho físico. (18/II 23) [...]

Não existem famílias ideais.[51] Todas as famílias estouram. Pode existir somente um amor ideal. Mas o amor não se pode estabelecer por nenhum "deve", nenhum "está proibido" — somente com uma competição livre com o resto do mundo.

Não suporto "deve" vir!

---

[50] Ver carta nº 28.

[51] Referência à frase de abertura do romance *Anna Kariênina*, de Lev Tolstói (1828-1910): "Todas as famílias felizes se parecem, cada família infeliz é infeliz à sua maneira" (tradução de Rubens Figueiredo, São Paulo, Cosac Naify, 2005).

Amo infinitamente quando eu "devo" não vir, ficar plantado sob suas janelas, esperar nem que seja o cintilar dos teus cabelos no automóvel.

O cotidiano

Sou culpado por todo o cotidiano, mas não porque eu seja um lírico-medíocre, que gosta do lar familiar e de uma mulher-pregadora de botões.

Não!

O peso da minha prisão cotidiana por 66 dias é uma espécie de "operação tartaruga" inconsciente e espiritual contra as relações familiares, é uma caricatura humilhante de mim mesmo. [...]

Me sinto péssimo, tanto física quanto espiritualmente. Tenho dor de cabeça todos os dias, tenho um tique, cheguei ao ponto de nem conseguir servir chá para mim mesmo. Estou exausto, porque para me distrair ao menos um pouquinho de tudo isso, trabalhava de 16 a 20 horas por dia, literalmente. Fiz tanto quanto jamais teria feito nem em meio ano.

O caráter

Você me disse para *refletir* e *mudar* o meu caráter. Refleti sobre mim mesmo, Lílik, por mais que você fale, eu acho que meu caráter não é nada ruim.

Claro que "jogar cartas", "beber" etc. não é caráter, são eventualidades — são bobagens ainda que fortes (como sardas: elas vêm na ocasião do sol e então essas bobagens só podem ser tiradas junto com a pele mas se se tomam as medidas a tempo, então elas não aparecerão ou serão totalmente imperceptíveis).

Os traços principais do meu caráter — dois:

A honestidade, cumprir a palavra que dei a mim mesmo (engraçado?)

Cartas de Maiakóvski e Lília Brik

O ódio por qualquer tipo de obrigação. Daí as brigas, o ódio pelas obrigações domésticas e... os versos, o ódio pela obrigação em geral.

E posso fazer qualquer coisa, faço com prazer, com boa vontade, nem que seja queimar a mão, mas se for por obrigação até mesmo carregar uma compra, o menor grilhão que seja me causa nojo, pessimismo e assim por diante. Por acaso disso se conclui que devo fazer tudo o que quero? Nada disso. Só não se pode estabelecer para mim nenhuma regra externa perceptível. É preciso fazer o mesmo comigo, só que sem que eu perceba. [...] Beijo minha gatinha. (27/II 23).

Que vida nós dois podemos ter, com qual vida eu poderia concordar afinal? Com qualquer uma. Qualquer uma. Estou com uma saudade enorme de você e quero muito, muito te ver. [...]

ПРО ЭТО

Ей и мне

ПРО ЧТО — ПРО ЭТО?

В этой теме,
            и личной
                    и мелкой,
перепетой не раз
                и не пять,
я кружил поэтической белкой
и хочу кружиться опять.
Эта тема
            сейчас
                и молитвой у Будды
и у негра вострит на хозяев нож.
Если Марс,
            и на нем хоть один сердцелюдый,
то и он
        сейчас
                скрипит
                        про то ж.
Эта тема придет,
                калеку за локти
подтолкнет к бумаге,
                    прикажет:
                            — Скреби! —
И калека
        с бумаги
                срывается в клёкоте,
только строчками в солнце песня рябит.
Эта тема придет,
                позвонится с кухни,

повернется,

        сгинет шапчонкой гриба,

и гигант

      постоит секунду

           и рухнет,

под записочной рябью себя погребя.

Эта тема придет,

         прикажет:

            — Истина! —

Эта тема придет,

        велит:

           — Красота! —

И пускай

       перекладиной кисти раскистены —

только вальс под нос мурлычешь с креста.

Эта тема азбуку тронет разбегом —

уж на что б, казалось, книга ясна! —

и становится

       — А —

          недоступней Казбека.

Замутит,

      оттянет от хлеба и сна.

Эта тема придет,

        вовек не износится,

только скажет:

        — Отныне гляди на меня! —

И глядишь на нее,

        и идешь знаменосцем,

красношелкий огонь над землей знаменя.

Это хитрая тема!

        Нырнет под события,

в тайниках инстинктов готовясь к прыжку,

и как будто ярясь

        — посмели забыть ее! —

затрясет;

      посыпятся души из шкур.

Эта тема ко мне заявилась гневная,

приказала:

— Подать
                дней удила! —
Посмотрела, скривясь, в мое ежедневное
и грозой раскидала людей и дела.
Эта тема пришла,
                        остальные оттерла
и одна
            безраздельно стала близка.
Эта тема ножом подступила к горлу.
Молотобоец!
                    От сердца к вискам.
Эта тема день истемнила, в темень
колотись — велела — строчками лбов.
Имя
        этой
                теме:
. . . . !

I
БАЛЛАДА РЕДИНГСКОЙ ТЮРЬМЫ

"Стоял — вспоминаю.
Был этот блеск.
И это
тогда
называлось Невою."

Маяковский, *Человек*

О балладе и о балладах

Не молод очень лад баллад,
но если слова болят
и слова говорят про то, что болят,
молодеет и лад баллад.
Лубянский проезд.
        Водопьяный.
            Вид
вот.
    Вот
        фон.
В постели она.
        Она лежит.
Он.
    На столе телефон.
«Он» и «она» баллада моя.
Не страшно нов я.
Страшно то,
        ч то «он» — это я
и то, что «она» —
          моя.
При чем тюрьма?

Рождество.

               Кутерьма.

Без решеток окошки домика!

Это вас не касается.

             Говорю — тюрьма.

Стол.

     На столе соломинка.

                По кабелю пущен номер

Тронул еле — волдырь на теле.

Трубку из рук вон.

Из фабричной марки —

две стрелки яркие

омолниили телефон.

Соседняя комната.

          Из соседней

               сонно:

— Когда это?

          Откуда это живой поросенок? —

Звонок от ожогов уже визжит,

добела раскален аппарат.

Больна она!

         Она лежит!

Беги!

   Скорей!

      Пора!

Мясом дымясь, сжимаю жжение.

Моментально молния телом забегала.

Стиснул миллион вольт напряжения.

Ткнулся губой в телефонное пекло.

Дыры

      сверля

         в доме,

   взмыв

      Мясницкую

                    пашней,
рвя
        кабель,
                    номер
пулей
        летел
                барышне.
Смотрел осовело барышнин глаз —
под праздник работай за двух.
Красная лампа опять зажглась.
Позвонила!
                    Огонь потух.
И вдруг
            как по лампам пошло́ куролесить,
вся сеть телефонная рвется на нити.
— 67-10!
Соедините! —
В проулок!
            Скорей!
                        Водопьяному в тишь!
Ух!
        А то с электричеством станется —
под Рождество
                    на воздух взлетишь
со всей
        со своей
                телефонной
                            станцией.
Жил на Мясницкой один старожил.
Сто лет после этого жил —
про это лишь —
                сто лет! —
говаривал детям дед.
— Было — суббота...
                    под воскресенье...
Окорочок...
            Хочу, чтоб дешево...
Как вдарит кто-то!..

Землетрясенье...

Ноге горячо...

Ходун — подошва!.. —

Не верилось детям,

чтоб так-то

да там-то.

Землетрясенье?

Зимой?

У почтамта?!

Телефон бросается на всех

Протиснувшись чудом сквозь тоненький шнур,
раструба трубки разинув оправу,
погромом звонков громя тишину,
разверг телефон дребезжащую лаву.
Это визжащее,

звенящее это

пальнуло в стены,

старалось взорвать их.

Звоночинки

тыщей

от стен

рикошетом

под стулья закатывались

и под кровати.

Об пол с потолка звоно́чище хлопал.
И снова,

звенящий мячище точно,

взлетал к потолку, ударившись о́б пол,
и сыпало вниз дребезгою звоночной.
Стекло за стеклом,

вьюшку за вьюшкой

тянуло

звенеть телефонному в тон.

Тряся

ручоночкой

                дом-погремушку,

тонул в разливе звонков телефон.

Секундантша

От сна

      чуть видно —

                точка глаз

иголит щеки жаркие.

Ленясь, кухарка поднялась,

идет,

      кряхтя и харкая.

Моченым яблоком она.

Морщинят мысли лоб ее.

— Кого?

      Владим Владимыч?!

                А! —

Пошла, туфлёю шлепая.

Идет.

      Отмеряет шаги секундантом.

Шаги отдаляются...

            Слышатся еле...

Весь мир остальной отодвинут куда-то,

лишь трубкой в меня неизвестное целит.

Просветление мира

Застыли докладчики всех заседаний,

не могут закончить начатый жест.

Как были,

      рот разинув,

           сюда они

смотрят на Рождество из Рождеств.

Им видима жизнь
                        от дрязг и до дрязг.
Дом их —
                единая будняя тина.
Будто в себя,
                в меня смотрясь,
ждали
                смертельной любви поединок.
Окаменели сиренные рокоты.
Колес и шагов суматоха не вертит.
Лишь поле дуэли
                    да время-доктор
с бескрайним бинтом исцеляющей смерти.
Москва —
                  за Москвой поля примолкли.
Моря —
                  за морями горы стройны.
Вселенная
              вся
                    как будто в бинокле,
в огромном бинокле (с другой стороны).
Горизонт распрямился
                        ровно-ровно.
Тесьма.
              Натянут бичевкой тугой.
Край один —
                  я в моей комнате,
ты в своей комнате — край другой.
А между —
              такая,
                    какая не снится,
какая-то гордая белой обновой,
через вселенную
                  легла Мясницкая
миниатюрой кости слоновой.
Ясность.
             Прозрачнейшей ясностью пытка.
В Мясницкой

деталью искуснейшей выточки
кабель
тонюсенький —
ну, просто нитка!
И всё
вот на этой вот держится ниточке.

Дуэль

Раз!
Трубку наводят.
Надежду
брось.
Два!
Как раз
остановилась,
не дрогнув,
между
моих
мольбой обволокнутых глаз.
Хочется крикнуть медлительной бабе:
— Чего задаетесь?
Стоите Дантесом.
Скорей,
скорей просверлите сквозь кабель
пулей
любого яда и веса. —
Страшнее пуль —
оттуда
сюда вот,
кухаркой оброненное между зевот,
проглоченным кроликом в брюхе удава
по кабелю,
вижу,
слово ползет.
Страшнее слов —

из древнейшей древности,
где самку клыком добывали люди еще,
ползло
                из шнура —
                        скребущейся ревности
времен троглодитских тогдашнее чудище.
А может быть...
                Наверное, может!
Никто в телефон не лез и не лезет,
нет никакой троглодичьей рожи.
                        Сам в телефоне.
Зеркалюсь в железе.
Возьми и пиши ему ВЦИК циркуляры!
Пойди — эту правильность с Эрфуртской сверь!
Сквозь первое горе
                бессмысленный,
                        ярый,
мозг поборов,
                проскребается зверь.

Что может сделаться с человеком!

Красивый вид.
                Товарищи!
                Взвесьте!
В Париж гастролировать едущий летом,
поэт,
        почтенный сотрудник «Известий»,
царапает стул когтём из штиблета.
Вчера человек —
                единым махом
клыками свой размедведил вид я!
Косматый.
                Шерстью свисает рубаха.
Тоже туда ж!?
                В телефоны бабахать!?

К своим пошел!

В моря ледовитые!

Размедвеженье

Медведем,

когда он смертельно сердится,
на телефон

грудь

на врага тяну.
А сердце
глубже уходит в рогатину!
Течет.

Ручьища красной меди.
Рычанье и кровь.

Лакай, темнота!
Не знаю,

плачут ли,

нет медведи,
но если плачут,

то именно так.
То именно так:

без сочувственной фальши
скулят,

заливаясь ущельной длиной.
И именно так их медвежий Бальшин,
скуленьем разбужен, ворчит за стеной.
Вот так медведи именно могут:
недвижно,

задравши морду,

как те,
повыть,

извыться

и лечь в берлогу,
царапая логово в двадцать когтей.
Сорвался лист.

Обвал.

        Беспокоит.

Винтовки-шишки

          не грохнули б враз.

Ему лишь взмедведиться может такое

сквозь слезы и шерсть, бахромящую глаз.

Протекающая комната

Кровать.

      Железки.

           Барахло одеяло.

Лежит в железках.

         Тихо.

            Вяло.

Трепет пришел.

         Пошел по железкам.

Простынь постельная треплется плеском.

Вода лизнула холодом ногу.

Откуда вода?

        Почему много?

Сам наплакал.

       Плакса.

         Слякоть.

Неправда —

        столько нельзя наплакать.

Чёртова ванна!

        Вода за диваном.

Под столом,

за шкафом вода.

С дивана,

       сдвинут воды задеваньем,

в окно проплыл чемодан.

Камин...

      Окурок...

         Сам кинул.

Пойти потушить.

   Петушится.

      Страх.

Куда?

  К какому такому камину?

Верста.

   За верстою берег в кострах.

Размыло всё,

     даже запах капустный

с кухни

    всегдашний,

       приторно сладкий.

Река.

   Вдали берега.

      Как пусто!

Как ветер воет вдогонку с Ладоги!

Река.

   Большая река.

      Холодина.

Рябит река.

    Я в середине.

Белым медведем

       взлез на льдину,

плыву на своей подушке-льдине.

Бегут берега,

     за видом вид.

Подо мной подушки лед.

С Ладоги дует.

      Вода бежит.

Летит подушка-плот.

Плыву.

    Лихорадюсь на льдине-подушке.

Одно ощущенье водой не вымыто:

я должен

     не то под кроватные дужки,

не то

    под мостом проплыть под каким-то.

Были вот так же:

               ветер да я.

Эта река!..

      Не эта.

           Иная.

Нет, не иная!

        Было —

               стоял.

Было — блестело.

           Теперь вспоминаю.

Мысль растет.

         Не справлюсь я с нею.

Назад!

       Вода не выпустит плот.

Видней и видней...

           Ясней и яснее...

Теперь неизбежно...

        Он будет!

            Он вот!!!

Человек из-за 7-ми лет

Волны устои стальные моют.

Недвижный,

        страшный,

              упершись в бока

столицы,

        в отчаяньи созданной мною,

стоит

      на своих стоэтажных быках.

Небо воздушными скрепами вышил.

Из вод феерией стали восстал.

Глаза подымаю выше,

             выше...

Вон!

     Вон —

        опершись о перила моста...

Прости, Нева!

        Не прощает,

                  гонит.

Сжалься!

       Не сжалился бешеный бег.

Он!

    Он —

           у небес в воспаленном фоне,

прикрученный мною, стоит человек.

Стоит.

       Разметал изросшие волосы.

Я уши лаплю.

        Напрасные мнешь!

Я слышу

     мой,

        мой собственный голос.

Мне лапы дырявит голоса нож.

Мой собственный голос —

             он молит,

                  он просится:

— Владимир!

       Остановись!

            Не покинь!

Зачем ты тогда не позволил мне

             броситься!

С размаху сердце разбить о быки?

Семь лет я стою.

          Я смотрю в эти воды,

к перилам прикручен канатами строк.

Семь лет с меня глаз эти воды не сводят.

Когда ж,

      когда ж избавления срок?

Ты, может, к ихней примазался касте?

Целуешь?

     Ешь?

        Отпускаешь брюшко?

Сам

   в ихний быт,

в их семейное счастье
намереваешься пролезть петушком?!
Не думай! —

            Рука наклоняется вниз его.
Грозится

       сухой

           в подмостную кручу.
— Не думай бежать!

         Это я

            вызвал.
Найду.

    Загоню.

       Доконаю.

          Замучу!
Там,

   в городе,

      праздник.

         Я слышу гром его.
Так что ж!

      Скажи, чтоб явились они.
Постановленье неси исполкомово.
Муку мою конфискуй,

           отмени.
Пока

   по этой

     по Невской

        по глуби
спаситель-любовь

         не придет ко мне,
скитайся ж и ты,

       и тебя не полюбят.
Греби!

    Тони меж домовьих камней! —

Спасите!

Стой, подушка!
                    Напрасное тщенье.
Лапой гребу —
                    плохое весло.
Мост сжимается.
                    Невским течением
меня несло,
                    несло и несло.
Уже я далёко.
                    Я, может быть, за́ день.
За де́нь
            от тени моей с моста.
Но гром его голоса гонится сзади.
В погоне угроз паруса распластал.
— Забыть задумал невский блеск?!
Ее заменишь?!
                    Некем!
По гроб запомни переплеск,
плескавший в «Человеке». —
Начал кричать.
                    Разве это осилите?!
Буря басит —
                    не осилить вовек.
Спасите! Спасите! Спасите! Спасите!
Там
        на мосту
                    на Неве
                                человек!

II
НОЧЬ ПОД РОЖДЕСТВО

Фантастическая реальность

Бегут берега —
                        за видом вид.
Подо мной —
                подушка-лед.
Ветром ладожским гребень завит.
Летит
        льдышка-плот.
Спасите! — сигналю ракетой слов.
Падаю, качкой добитый.
Речка кончилась —
                        море росло.
Океан —
            большой до обиды.
Спасите!
            Спасите!..
                        Сто раз подряд
реву батареей пушечной.
Внизу
        подо мной
                        растет квадрат,
остров растет подушечный.
Замирает, замирает,
                        замирает гул.
Глуше, глуше, глуше...
Никаких морей.
                Я —
                    на снегу.

Кругом —
           вёрсты суши.
Суша — слово.
                    Снегами мокра.
Подкинут метельной банде я.
Что за земля?
                    Какой это край?
Грен-
     лап-
         люб-ландия?

                                        Боль были

Из облака вызрела лунная дынка,
стену постепенно в тени оттеня.
Парк Петровский.
                Бегу.
                        Ходынка
за мной.
                Впереди Тверской простыня.
А-у-у-у!
                К Садовой аж выкинул «у»!
Оглоблей
           или машиной,
но только
           мордой
                    аршин в снегу.
Пулей слова матершины.
«От нэпа ослеп?!
Для чего глаза впряжены?!
Эй, ты!
        Мать твою разнэп!
Ряженый!»
Ах!
        Да ведь
я медведь.

Недоразуменье!

        Надо —

                прохожим,

что я не медведь,

             только вышел похожим.

                          Спаситель

Вон

      от заставы

            идет человечек.

За шагом шаг вырастает короткий.

Луна

      голову вправила в венчик.

Я уговорю,

         чтоб сейчас же,

               чтоб в лодке.

Это — спаситель!

         Вид Иисуса.

Спокойный и добрый,

           венчанный в луне.

Он ближе.

       Лицо молодое безусо.

Совсем не Исус.

       Нежней.

          Юней.

Он ближе стал,

        он стал комсомольцем.

Без шапки и шубы.

          Обмотки и френч.

То сложит руки,

        будто молится.

То машет,

      будто на митинге речь.

Вата снег.

      Мальчишка шел по вате.

Вата в золоте —

чего уж пошловатей?!

Но такая грусть,

что стой

и грустью ранься!

Расплывайся в процыганенном романсе.

Романс

Мальчик шел, в закат глаза уставя.

Был закат непревзойдимо желт.

Даже снег желтел к Тверской заставе.

Ничего не видя, мальчик шел.

Шел,

вдруг

встал.

В шелк

рук

сталь.

С час закат смотрел, глаза уставя,

за мальчишкой легшую кайму.

Снег хрустя разламывал суставы.

Для чего?

Зачем?

Кому?

Был вором-ветром мальчишка обыскан.

Попала ветру мальчишки записка.

Стал ветер Петровскому парку звонить:

— Прощайте...

Кончаю...

Прошу не винить...

Ничего не поделаешь

До чего ж
на меня похож!
Ужас.

      Но надо ж!

              Дернулся к луже.
Залитую курточку стягивать стал.
Ну что ж, товарищ!

             Тому еще хуже —
семь лет он вот в это же смотрит с моста.
Напялил еле —

          другого калибра.
Никак не намылишься —

              зубы стучат.
Шерстищу с лапищ и с мордищи выбрил.
Гляделся в льдину...

           бритвой луча...
Почти,

      почти такой же самый.
Бегу.

    Мозги шевелят адресами.
Во-первых,

        на Пресню,

            туда,

               по задворкам.
Тянет инстинктом семейная норка.
За мной

      всероссийские,

           теряясь точкой,
сын за сыном,

      дочка за дочкой.

Всехные родители

— Володя!

        На Рождество!

Вот радость!

        Радость-то во!.. —

Прихожая тьма.

        Электричество комната.

Сразу —

        наискось лица родни.

— Володя!

        Господи!

            Что это?

                В чем это?

Ты в красном весь.

        Покажи воротник!

— Не важно, мама,

        дома вымою.

Теперь у меня раздолье —

            вода.

Не в этом дело.

        Родные!

          Любимые!

Ведь вы меня любите?

        Любите?

            Да?

Так слушайте ж!

        Тетя!

          Сестры!

            Мама!

Тушите елку!

        Заприте дом!

Я вас поведу...

        вы пойдете...

            Мы прямо...

сейчас же...

        все

возьmem и пойдем.

Не бойтесь —

это совсем недалёко —

600 с небольшим этих крохотных верст.

Мы будем там во мгновение ока.

Он ждет.

Мы вылезем прямо на мост.

— Володя,

родной,

успокойся! —

Но я им

на этот семейственный писк голосков:

— Так что ж?!

Любовь заменяете чаем?

Любовь заменяете штопкой носков?

Путешествие с мамой

Не вы —

не мама Альсандра Альсеевна.

Вселенная вся семьею засеяна.

Смотрите,

мачт корабельных щетина —

в Германию врезался Одера клин.

Слезайте, мама,

уже мы в Штеттине.

Сейчас,

мама,

несемся в Берлин.

Сейчас летите, мотором урча, вы:

Париж,

Америка,

Бруклинский мост,

Сахара,

и здесь

с негритоской курчавой

лакает семейкой чай негритос.
Сомнете периной

и волю

и камень.
Коммуна —

и то завернется комом.
Столетия

жили своими домками
и нынче зажили своим домкомом!
Октябрь прогремел,

карающий,

судный.
Вы

под его огнепёрым крылом
расставились,

разложили посудины.
Паучьих волос не расчешешь колом.
Исчезни, дом,

родимое место!
Прощайте! —

Отбросил ступеней последок.
— Какое тому поможет семейство?!
Любовь цыплячья!

Любвишка наседок!

Пресненские миражи

Бегу и вижу —

всем в виду
кудринскими вышками
себе навстречу

сам

иду
с подарками подмышками.
Мачт крестами на буре распластан,
корабль кидает балласт за балластом.

Будь проклята,

опустошенная легкость!
Домами оскалила скалы далекость.
Ни люда, ни заставы нет.
Горят снега,

и голо.
И только из-за ставенек
в огне иголки елок.
Ногам вперекор,

тормозами на быстрые
вставали стены, окнами выстроясь.
По стеклам

тени

фигурками тира
вертелись в окне,

зазывали в квартиры.
С Невы не сводит глаз,

продрог,
стоит и ждет —

помогут.
За первый встречный за порог
закидываю ногу.
В передней пьяный проветривал бредни.
Стрезвел и дернул стремглав из передней.
Зал заливался минуты две:
— Медведь,

медведь,

медведь,

медв-е-е-е-е... —

Муж Феклы Давидовны со мной и со всеми знакомыми

Потом,

извертясь вопросительным знаком,
хозяин полглаза просунул:

— Однако!

Маяковский!

        Хорош медведь! —

Пошел хозяин любезностями медоветь:

— Пожалуйста!

        Прошу-с.

           Ничего —

                я боком.

Нечаянная радость-с, как сказано у Блока.

Жена — Фекла Двидна.

Дочка,

точь-в-точь

      в меня, видно —

семнадцать с половиной годочков.

А это...

      Вы, кажется, знакомы?! —

Со страха к мышам ушедшие в норы,

из-под кровати полезли партнеры.

Усища —

      к стеклам ламповым пыльники —

из-под столов пошли собутыльники.

Ползут с-под шкафа чтецы, почитатели.

Весь безлицый парад подсчитать ли?

Идут и идут процессией мирной.

Блестят из бород паутиной квартирной.

Все так и стоит столетья,

           как было.

Не бьют —

      и не тронулась быта кобыла.

Лишь вместо хранителей ду́хов и фей

ангел-хранитель —

        жилец в галифе.

Но самое страшное:

      по росту,

         по коже

одеждой,

     сама походка моя! —

в одном

    узнал —

                        близнецами похожи —
себя самого —
                    сам
                        я.
С матрацев,
                    вздымая постельные тряпки,
клопы, приветствуя, подняли лапки.
Весь самовар рассиялся в лучики —
хочет обнять в самоварные ручки.
В точках от мух
                        веночки
                            с обоев
венчают голову сами собою.
Взыграли туш ангелочки-горнисты,
пророзовев из иконного глянца.
Исус,
        приподняв
                        венок тернистый,
любезно кланяется.
Маркс,
            впряженный в алую рамку,
и то тащил обывательства лямку.
Запели птицы на каждой на жердочке,
герани в ноздри лезут из кадочек.
Как были
            сидя сняты
                        на корточках,
радушно бабушки лезут из карточек.
Раскланялись все,
                    осклабились враз;
кто басом фразу,
                кто в дискант
                        дьячком.
— С праздничком!
            С праздничком!
                    С праздничком!
                            С праздничком!
                                С праз-

207

нич-
ком! —
Хозяин
           то тронет стул,
                          то дунет,
сам со скатерти крошки вымел.
— Да я не знал!..
                  Да я б накануне...
Да, я думаю, занят...
                 Дом...
                          Со своими...

                          Бессмысленные просьбы

Мои свои?!
           Д-а-а-а —
                     это особы.
Их ведьма разве сыщет на венике!
Мои свои
         с Енисея
                     да с Оби
идут сейчас,
           следят четвереньки.
Какой мой дом?!
Сейчас с него.
Подушкой-льдом
плыл Невой —
мой дом
меж дамб
стал льдом,
и там...
Я брал слова
           то самые вкрадчивые,
то страшно рыча,
                  то вызвоня лирово.
От выгод —

                    на вечную славу сворачивал,
молил,
        грозил,
                просил,
                        агитировал.
— Ведь это для всех...
                для самих...
                        для вас же...
Ну, скажем, «Мистерия» —
                    ведь не для себя ж?!
Поэт там и прочее...
                    Ведь каждому важен...
Не только себе ж —
                ведь не личная блажь...
Я, скажем, медведь, выражаясь грубо...
Но можно стихи...
                Ведь сдирают шкуру?!
Подкладку из рифм поставишь —
                        и шуба!..
Потом у камина...
            там кофе...
                    курят...
Дело пустяшно:
                ну, минут на десять...
Но нужно сейчас,
            пока не поздно...
Похлопать может...
            Сказать —
                    надейся!..
Но чтоб теперь же...
            чтоб это серьезно... —
Слушали, улыбаясь, именитого скомороха.
Катали по столу хлебные мякиши.
Слова об лоб
        и в тарелку —
                    горохом.
Один расчувствовался,
                вином размягший:

— Поооостой...

        поооостой...

Очень даже и просто.

Я пойду!..

      Говорят, он ждет...

              на мосту...

Я знаю...

      Это на углу Кузнецкого мо́ста.

Пустите!

     Нукося! —

По углам —

       зуд:

           — Наззз-ю-зззюкался!

Будет ныть!

Поесть, попить,

попить, поесть —

и за 66!

Теорию к лешему!

Нэп —

     практика.

Налей,

     нарежь ему.

Футурист,

       налягте-ка! —

Ничуть не смущаясь челюстей целостью,

пошли греметь о челюсть челюстью.

Шли

    из артезианских прорв

меж рюмкой

        слова поэтических споров.

В матрац,

      поздоровавшись,

            влезли клопы.

На вещи насела столетняя пыль.

А тот стоит —

       в перила вбит.

Он ждет,

      он верит:

скоро!
Я снова лбом,
                я снова в быт
вбиваюсь слов напором.
Опять
        атакую и вкривь и вкось.
Но странно:
                слова проходят насквозь.

Необычайное

Стихает бас в комариные трельки.
Подбитые воздухом, стихли тарелки.
Обои,
        стены
                блёкли...
                        блёкли...
Тонули в серых тонах офортовых.
Со стенки
            на город разросшийся
                            Бёклин
Москвой расставил «Остров мертвых».
Давным-давно.
                Подавно —
теперь.
        И нету проще!
Вон
    в лодке,
                скутан саваном,
недвижный перевозчик.
Не то моря,
                не то поля —
их шорох тишью стерт весь.
А за морями —
                тополя
возносят в небо мертвость.

Что ж —
           ступлю!
                    И сразу
                             тополи
сорвались с мест,
                  пошли,
                          затопали.
Тополи стали спокойствия мерами,
ночей сторожами,
                  милиционерами.
Расчетверившись,
                  белый Харон
стал колоннадой почтамтских колонн.

Деваться некуда

Так с топором влезают в сон,
обметят спящелобых —
и сразу
        исчезает всё,
и видишь только обух.
Так барабаны улиц
                   в сон
войдут,
        и сразу вспомнится,
что вот тоска
              и угол вон,
за ним
       она —
             виновница.
Прикрывши окна ладонью угла,
стекло за стеклом вытягивал с краю.
Вся жизнь
          на карты окон легла.
Очко стекла —
               и я проиграю.

Арап —

    миражей шулер —

                по окнам

разметил нагло веселия крап.

Колода стекла

          торжеством яркоогним

сияет нагло у ночи из лап.

Как было раньше —

          вырасти б,

стихом в окно влететь.

Нет,

    никни к сте́нной сырости.

И стих

      и дни не те.

Морозят камни.

         Дрожь могил.

И редко ходят веники.

Плевками,

      снявши башмаки,

вступаю на ступеньки.

Не молкнет в сердце боль никак,

кует к звену звено.

Вот так,

      убив,

         Раскольников

пришел звенеть в звонок.

Гостьё идет по лестнице...

Ступеньки бросил —

            стенкою.

Стараюсь в стенку вплесниться,

и слышу —

      струны тенькают.

Быть может, села

      вот так

         невзначай она.

Лишь для гостей,

      для широких масс.

А пальцы

сами
        в пределе отчаянья
ведут бесшабашье, над горем глумясь.

Друзья

А во́роны гости?!
          Дверье крыло
раз сто по бокам коридора исхлопано.
Горлань горланья,
       оранья орло́
ко мне доплеталось пьяное до́пьяна.
Полоса
щели.
Голоса́
еле:
«Аннушка —
ну и румянушка!»
Пироги...
      Печка...
Шубу...
    Помогает...
        С плечика...
Сглушило слова уанстепным темпом,
и снова слова сквозь темп уанстепа:
«Что это вы так развеселились?
Разве?!»
    Сли́лись...
Опять полоса осветила фразу.
Слова непонятны —
        особенно сразу.
Слова так
    (не то чтоб со зла):
«Один тут сломал ногу,
так вот веселимся, чем бог послал,
танцуем себе понемногу».

Да,

  их голосá.

      Знакомые выкрики.

Застыл в узнаваньи,

        расплющился, нем,

фразы крою́ по выкриков выкройке.

Да —

  это они —

      они обо мне.

Шелест.

    Листают, наверное, ноты.

«Ногу, говорите?

      Вот смешно-то!»

И снова

    в тостах стаканы исчоканы,

и сыплют стеклянные искры из щек они.

И снова

    пьяное:

      «Ну и интересно!

Так, говорите, пополам и треснул?»

«Должен огорчить вас, как ни грустно,

не треснул, говорят,

      а только хрустнул».

И снова

    хлопанье двери и карканье,

и снова танцы, полами исшарканные.

И снова

    стен раскаленные степи

под ухом звенят и вздыхают в тустепе.

Только б не ты

Стою у стенки.

    Я не я.

Пусть бредом жизнь смололась.

Но только б, только б не ея

невыносимый голос!
Я день,

я год обыденщине пре́дал,
я сам задыхался от этого бреда.
Он

жизнь дымком квартирошным выел.
Звал:

решись

с этажей

в мостовые!
Я бегал от зова разинутых окон,
любя убегал.

Пускай однобоко,
пусть лишь стихом,

лишь шагами ночными —
строчишь,

и становятся души строчными,
и любишь стихом,

а в прозе немею.
Ну вот, не могу сказать,

не умею.
Но где, любимая,

где, моя милая,
где

— в песне! —

любви моей изменил я?
Здесь

каждый звук,

чтоб признаться,

чтоб кликнуть.
А только из песни — ни слова не выкинуть.
Вбегу на трель,

на гаммы.
В упор глазами

в цель!
Гордясь двумя ногами,
Ни с места! — крикну. —

Цел! —

Скажу:

      — Смотри,

                       даже здесь, дорогая,

стихами громя обыденщины жуть,

имя любимое оберегая,

тебя

          в проклятьях моих

                        обхожу.

Приди,

        разотзовись на стих.

Я, всех оббегав, — тут.

Теперь лишь ты могла б спасти.

Вставай!

           Бежим к мосту! —

Быком на бойне

                 под удар

башку мою нагнул.

Сборю себя,

           пойду туда.

Секунда —

          и шагну.

Шагание стиха

Последняя самая эта секунда,

секунда эта

            стала началом,

началом

        невероятного гуда.

Весь север гудел.

            Гудения мало.

По дрожи воздушной,

               по колебанью

догадываюсь —

           оно над Любанью.

По холоду,

по хлопанью дверью
догадываюсь —

                        оно над Тверью.

По шуму —

                    настежь окна раскинул —
догадываюсь —

                          кинулся к Клину.
Теперь грозой Разумовское за́лил.
На Николаевском теперь

                               на вокзале.
Всего дыхание одно,
а под ногой

                    ступени
пошли,

            поплыли ходуном,
вздымаясь в невской пене.
Ужас дошел.

                В мозгу уже весь.
Натягивая нервов строй,
разгуживаясь всё и разгуживаясь,
взорвался,

             пригвоздил:

                           — Стой!
Я пришел из-за семи лет,
из-за верст шести ста,
пришел приказать:

                  Нет!
Пришел повелеть:

                  Оставь!
Оставь!

        Не надо

                ни слова,

                        ни просьбы.
Что толку —

            тебе

                одному

                    удалось бы?!
Жду,

чтоб землей обезлюбленной

                              вместе,
чтоб всей
            мировой
                      человечьей гущей.
Семь лет стою,
                буду и двести
стоять пригвожденный,
                        этого ждущий.
У лет на мосту
                на презренье,
                              на сме́х,
земной любви искупителем значась,
должен стоять,
                стою за всех,
за всех расплачу́сь,
                    за всех распла́чусь. —

                                        Ротонда

Стены в тустепе ломались
                          на́ три,
на четверть тона ломались,
                          на сто́...
Я, стариком,
              на каком-то Монмартре
лезу —
          стотысячный случай —
                              на стол.
Давно посетителям осточертело.
Знают заранее
                всё, как по нотам:
буду звать
            (новое дело!)
куда-то идти,
              спасать кого-то.

В извинение пьяной нагрузки
хозяин гостям объясняет:
                                        — Русский! —
Женщины —
                    мяса и тряпок вяза́нки —
смеются,
                стащить стараются
                                за́ ноги:
«Не пойдем.
                Дудки!
Мы — проститутки».
Быть Сены полосе б Невой!
Грядущих лет брызго́й
хожу по мгле по Се́новой
всей нынчести изгой.
Саже́нный,
                обсмеянный,
                                са́женный,
                                        битый,
в бульварах
                ору через каски военщины:
— Под красное знамя!
                        Шагайте!
                                По быту!
Сквозь мозг мужчины!
                        Сквозь сердце женщины! —
Сегодня
            гнали
                в особенном раже.
Ну и жара же!

Полусмерть

Надо
        немного обветрить лоб.
Пойду,

пойду, куда ни вело б.
Внизу свистят сержанты-трельщики.
Тело
      с панели
                  уносят метельщики.
Рассвет.
      Подымаюсь сенскою сенью,
синематографской серой тенью.
Вот —
      гимназистом смотрел их
                        с парты —
мелькают сбоку Франции карты.
Воспоминаний последним током
тащился прощаться
                к странам Востока.

Случайная станция

С разлету рванулся —
               и стал,
                    и на́ мель.
Лохмотья мои зацепились штанами.
Ощупал —
        скользко,
                 луковка точно.
Большое очень.
            Испозолочено.
Под луковкой
              колоколов завыванье.
Вечер зубцы стенные выкаймил.
На Иване я
Великом.
Вышки кремлевские пиками.
Московские окна
            видятся еле.
Весело.

Елками зарождествели.
В ущелья кремлёвы волна ударяла:
то песня,
                    то звона рождественский вал.
С семи холмов,
                    низвергаясь Дарьялом,
бросала Тереком
                    праздник
                              Москва.
Вздымается волос.
                    Лягушкою тужусь.
Боюсь —
                    оступлюсь на одну только пядь,
и этот
          старый
                    рождественский ужас
меня
          по Мясницкой закружит опять.

Повторение пройденного

Руки крестом,
                    крестом
                              на вершине,
ловлю равновесие,
                    страшно машу.
Густеет ночь,
                    не вижу в аршине.
Луна.
          Подо мною
                    льдистый Машук.
Никак не справлюсь с моим равновесием,
как будто с Вербы —
                    руками картонными.
Заметят.
          Отсюда виден весь я.

Смотрите —

        Кавказ кишит Пинкертонами.

Заметили.

        Всем сообщили сигналом.

Любимых,

      друзей

           человечьи ленты

со всей вселенной сигналом согнало.

Спешат рассчитаться,

          идут дуэлянты.

Щетинясь,

      щерясь

         еще и еще там...

Плюют на ладони.

         Ладонями сочными,

руками,

     ветром,

        нещадно,

          без счета

в мочалку щеку истрепали пощечинами.

Пассажи —

        перчаточных лавок початки,

дамы,

      духи развевая паточные,

снимали,

       в лицо швыряли перчатки,

швырялись в лицо магазины перчаточные.

Газеты,

     журналы,

         зря не глазейте!

На помощь летящим в морду вещам

ругней

       за газетиной взвейся газетина.

Слухом в ухо!

        Хватай, клевеща!

И так я калека в любовном боленьи.

Для ваших оставьте помоев ушат.

Я вам не мешаю.

К чему оскорбленья!
Я только стих,
                    я только душа.
А снизу:
        — Нет!
                    Ты враг наш столетний.
Один уж такой попался —
                              гусар!
Понюхай порох,
                    свинец пистолетный.
Рубаху враспашку!
                    Не праздну́й труса́! —

Последняя смерть

Хлеще ливня,
                    грома бодрей,
Бровь к брови,
                    ровненько,
со всех винтовок,
                    со всех батарей,
с каждого маузера и браунинга,
с сотни шагов,
                    с десяти,
                              с двух,
в упор —
                    за зарядом заряд.
Станут, чтоб перевесть дух,
и снова свинцом сорят.
Конец ему!
                    В сердце свинец!
Чтоб не было даже дрожи!
В конце концов —
                    всему конец.
Дрожи конец тоже.

То, что осталось

Окончилась бойня.

     Веселье клокочет.

Смакуя детали, разлезлись шажком.

Лишь на Кремле

     поэтовы клочья

сияли по ветру красным флажком.

Да небо

   попрежнему

       лирикой зве́здится.

Глядит

   в удивленьи небесная звездь —

затрубадури́ла Большая Медведица.

Зачем?

    В королевы поэтов пролезть?

Большая,

    неси по векам-Араратам

сквозь небо потопа

      ковчегом-ковшом!

С борта

   звездолётом

      медведьинским братом

горланю стихи мирозданию в шум.

Скоро!

   Скоро!

     Скоро!

В пространство!

     Пристальней!

Солнце блестит горы.

Дни улыбаются с пристани.

ПРОШЕНИЕ НА ИМЯ...
Прошу вас, товарищ химик,
Заполните сами!

Пристает ковчег.
                    Сюда лучами!
Пристань.
            Эй!
                    Кидай канат ко мне!
И сейчас же
                ощутил плечами
тяжесть подоконничьих камней.
Солнце
            ночь потопа высушило жаром.
У окна
            в жару встречаю день я.
Только с глобуса — гора Килиманджаро.
Только с карты африканской — Кения.
Голой головою глобус.
Я над глобусом
                    от горя горблюсь.
Мир
        хотел бы
                    в этой груде го́ря
настоящие облапить груди-горы.
Чтобы с полюсов
                    по всем жильям
лаву раскатил, горящ и каменист,
так хотел бы разрыдаться я,
медведь-коммунист.
Столбовой отец мой
                    дворянин,

кожа на моих руках тонка.
Может,
            я стихами выхлебаю дни,
и не увидав токарного станка.
Но дыханием моим,
                    сердцебиеньем,
                                голосом,
каждым острием издыбленного в ужас
                                    волоса,
дырами ноздрей,
                гвоздями глаз,
зубом, исскрежещенным в звериный лязг,
ёжью кожи,
            гнева брови сборами,
триллионом пор,
                дословно —
                            всеми порами
в осень,
        в зиму,
                в весну,
                        в лето,
в день,
        в сон
не приемлю,
            ненавижу это всё.
Всё,
    что в нас
                ушедшим рабьим вбито,
всё,
    что мелочи́нным роем
оседало
        и осело бытом
даже в нашем
                краснофлагом строе.
Я не доставлю радости
видеть,
        что сам от заряда стих.
За мной не скоро потянете

об упокой его душу таланте.
Меня
      из-за угла
               ножом можно.
Дантесам в мой не целить лоб.
Четырежды состарюсь — четырежды омоложенный,
до гроба добраться чтоб.
Где б ни умер,
             умру поя.
В какой трущобе ни лягу,
знаю —
         достоин лежать я
с легшими под красным флагом.
Но за что ни лечь —
             смерть есть смерть.
Страшно — не любить,
                ужас — не сметь.
За всех — пуля,
          за всех — нож.
А мне когда?
         А мне-то что ж?
В детстве, может,
            на самом дне,
десять найду
         сносных дней.
А то, что другим?!
            Для меня б этого!
Этого нет.
        Видите —
             нет его!
Верить бы в загробь!
             Легко прогулку пробную.
Стоит
      только руку протянуть —
пуля
     мигом
         в жизнь загробную
начерти́т гремящий путь.

Что мне делать,
                   если я
                              вовсю,
всей сердечной мерою,
в жизнь сию,
сей
        мир
              верил,
                   верую.

                                        Вера

Пусть во что хотите жданья удлинятся —
вижу ясно,
                   ясно до галлюцинаций.
До того,
        что кажется —
                              вот только с этой рифмой развяжись,
и вбежишь
              по строчке
                              в изумительную жизнь.
Мне ли спрашивать —
                      да эта ли?
                              Да та ли?!
Вижу,
        вижу ясно, до деталей.
Воздух в воздух,
                              будто камень в камень,
недоступная для тленов и крошений,
рассиявшись,
                      высится веками
мастерская человечьих воскрешений.
Вот он,
        большелобый
                              тихий химик,
перед опытом наморщил лоб.

Книга —

    «Вся земля», —

            выискивает имя.

Век двадцатый.

        Воскресить кого б?

— Маяковский вот...

         Поищем ярче лица —

недостаточно поэт красив. —

Крикну я

    вот с этой,

        с нынешней страницы:

— Не листай страницы!

      Воскреси!

Надежда

Сердце мне вложи!

    Кровищу —

        до последних жил.

В череп мысль вдолби!

Я свое, земное, не дожил,

на земле

    свое не долюбил.

Был я сажень ростом.

        А на что мне сажень?

Для таких работ годна и тля.

Перышком скрипел я, в комнатенку всажен,

вплющился очками в комнатный футляр.

Что хотите, буду делать даром —

чистить,

    мыть,

      стеречь,

        мотаться,

          месть.

Я могу служить у вас

    хотя б швейцаром.

Швейцары у вас есть?

Был я весел —

толк веселым есть ли,

если горе наше непролазно?

Нынче

обнажают зубы если,

только, чтоб хватить,

чтоб лязгнуть.

Мало ль что бывает —

тяжесть

или горе...

Позовите!

Пригодится шутка дурья.

Я шарадами гипербол,

аллегорий

буду развлекать,

стихами балагуря.

Я любил...

Не стоит в старом рыться.

Больно?

Пусть...

Живешь и болью дорожась.

Я зверье еще люблю —

у вас

зверинцы

есть?

Пустите к зверю в сторожа.

Я люблю зверье.

Увидишь собачонку —

тут у булочной одна —

сплошная плешь, —

из себя

и то готов достать печенку.

Мне не жалко, дорогая,

ешь!

Любовь

Может,
      может быть,
            когда-нибудь
                  дорожкой зоологических аллей
и она —
      она зверей любила —
             тоже ступит в сад,
улыбаясь,
      вот такая,
            как на карточке в столе.
Она красивая —
         ее, наверно, воскресят.
Ваш
    тридцатый век
           обгонит стаи
сердце раздиравших мелочей.
Нынче недолюбленное
              наверстаем
звездностью бесчисленных ночей.
Воскреси
      хотя б за то,
          что я
            поэтом
ждал тебя,
      откинул будничную чушь!
Воскреси меня
        хотя б за это!
Воскреси —
       свое дожить хочу!
Чтоб не было любви — служанки
замужеств,
      похоти,
        хлебов.
Постели прокляв,
       встав с лежанки,

чтоб всей вселенной шла любовь.
Чтоб день,
                    который горем старящ,
не христарадничать, моля.
Чтоб вся
          на первый крик:
                              — Товарищ! —
оборачивалась земля.
Чтоб жить
              не в жертву дома дырам.
Чтоб мог
          в родне
                    отныне
                              стать
отец
      по крайней мере миром,
землей по крайней мере — мать.

TABELA DE TRANSLITERAÇÃO DO RUSSO

Alfabeto russo	Transcrição para registro catalográfico ou linguístico	Adaptação fonética para nomes próprios
А	A	A
Б	B	B
В	V	V
Г	G	G, Gu (antes de *e*, *i*)
Д	D	D
Е	E	E, Ié
Ё	Io	Io
Ж	J	J
З	Z	Z
И	I	I
Й	I	I
К	K	K
Л	L	L
М	M	M
Н	N	N
О	O	O
П	P	P
Р	R	R
С	S	S, SS (intervocálico)
Т	T	T
У	U	U
Ф	F	F

Х	Kh	Kh
Ц	Ts	Ts
Ч	Tch	Tch
Ш	Ch	Ch
Щ	Chtch	Chtch/Sch
Ъ	"	
Ы	Y	Y
Ь	'	
Э	É	É/E
Ю	Iu	Iu
Я	Ia	Ia

Fonte: *Caderno de Cultura e Literatura Russa*, n° 1, São Paulo, Ateliê Editorial/FFLCH-USP, março de 2004.

SOBRE O AUTOR

Vladímir Vladímirovitch Maiakóvski nasceu no dia 19 de julho de 1893, na aldeia de Bagdádi, nos arredores de Kutaíssi, na Geórgia. Em 1906, após a morte do pai, o inspetor florestal Vladímir Konstantínovitch Maiakóvski, transferiu-se para Moscou com a mãe Aleksandra Aleksiéievna e as duas irmãs, Liudmila e Olga. Lá sua família enfrentou extremas dificuldades.

Maiakóvski ingressou na escola, mas não se adaptou e a abandonou em 1908. As leituras socialistas o acompanhavam sempre e no mesmo ano filiou-se ao Partido Operário Social-Democrata Russo, ligado à ala bolchevique. Foi preso pela primeira vez em uma tipografia clandestina e sofreu duas novas prisões no ano seguinte. No cárcere começou a escrever poemas e se dedicou à leitura de romances e poesia russa.

Em 1911 ingressou na Escola de Pintura, Escultura e Arquitetura, em Moscou, onde conheceu o pintor e poeta David Burliúk (1882-1967), encontro que, segundo ele, marcaria o início do futurismo russo. Burliúk incentivou Maiakóvski no caminho da poesia e apresentou-lhe as literaturas francesa e alemã. O primeiro poema, *Noite*, saiu em 1912, seguido do manifesto *Bofetada no gosto público* assinado por Maiakóvski, Burliúk, Aleksei Krutchônikh (1886-1968) e Velimir Khliébnikov (1885-1922). Seguiram-se anos de intensa atividade, leituras públicas de poemas e saraus literários que marcaram o nascimento e o desenvolvimento do cubo-futurismo russo.

Em 1913, já célebre por sua atitude irreverente e suas polêmicas, encenou a peça *Vladímir Maiakóvski, uma tragédia*, cuja recepção foi extremamente negativa. Em 1914 foi expulso da escola de pintura por sua ligação com o movimento futurista. A Primeira Guerra Mundial despertou-lhe arroubos patrióticos que o levaram ao alistamento no exército, mas ele foi recusado. Aos poucos, o entusiasmo bélico inicial foi substituído pela recusa total da guerra. Em 1915 passou uma temporada em Kuokkala, na Finlândia, onde terminou de compor seu primeiro poema longo,

237

Nuvem de calças, obra que o consagrou definitivamente no meio literário russo. Na volta conheceu, por intermédio de Ella Kagan (a futura escritora Elsa Triolet), Óssip e Lília Brik. Lília, irmã mais velha de Elsa, se tornaria a musa de Maiakóvski por toda a vida. Para ela compôs um extenso poema de amor, *Flauta de vértebras*, e no ano seguinte compôs mais dois longos poemas, *A guerra e o mundo* e *O homem*.

Abraçou com fervor a revolução de fevereiro de 1917, assumindo uma posição alinhada à dos bolcheviques e, como todo o grupo cubofuturista, acolheu com entusiasmo a revolução de outubro. Passou, então, a escrever poemas revolucionários. Em 1918 fez sua primeira participação no cinema como ator e roteirista, e estreou sua peça *Mistério-bufo*. No ano seguinte ingressou na Rosta (Agência Telegráfica Russa), órgão responsável pela divulgação de informações e pelo incentivo aos bolcheviques durante a guerra civil. Lá ele desenhava e escrevia em versos gigantescos cartazes engajados.

Em 1922 escreveu seu poema mais solar e idílico, o longo e lírico *Amo*, como sempre, dedicado a Lília. No fim de 1922, motivado por uma briga com a amada, começou a escrever o último poema longo dedicado ao amor, *Sobre isto*, publicado na revista *LEF* (*Frente Esquerda das Artes*), criada e dirigida por ele mesmo, cujo objetivo era aliar a arte e o engajamento na revolução social. O poema foi duramente criticado em função do caráter lírico e pelas marcas autobiográficas.

Nunca se filiou ao Partido Comunista, apesar do apoio à revolução. Nos anos 1920 viajou muito pela URSS e pelo exterior (Alemanha, França, México, EUA etc.) e escreveu prosa e poesia a respeito das suas experiências. Continuou a escrever profusamente poemas curtos e longos, roteiros, peças de teatro e artigos. Em 1929 escreveu a peça satírica *O percevejo* e, em 1930, estreou sua última peça, *Os banhos*. O distanciamento do governo em relação aos ideais do início da revolução e o crescente cerceamento da liberdade artística recrudesceram sua visão crítica acerca do regime instaurado.

Em janeiro de 1930 terminou também seu último longo poema lírico: *A plenos pulmões*. Inaugurou a exposição "Vinte anos de trabalho", mas se frustrou com a ausência da imprensa e das agremiações literárias. Somaram-se a este desgosto os tensos debates com o público que, debochado, o acusava de "incompreensível" e de empregar "palavras indecentes" em suas obras, os sucessivos problemas na garganta (justamente para ele que era um poeta da voz e da oralidade) e as desilusões sentimentais. Finalmente, Maiakóvski cumpre a ameaça tantas vezes anunciada e malograda: suicida-se com um tiro no coração em 14 de abril de 1930.

SOBRE A TRADUTORA

Letícia Mei nasceu em São Paulo em 1979. Passou a infância e a adolescência no Rio de Janeiro, onde estudou Ciências Econômicas na Universidade Federal do Rio de Janeiro. Em seguida, retornou a São Paulo e licenciou-se em Letras (Português, Francês e Russo) na Faculdade de Filosofia, Letras e Ciências Humanas da Universidade de São Paulo. É mestra e doutora em Literatura e Cultura Russa pela mesma instituição com dissertação e tese dedicadas ao poeta russo Vladímir Maiakóvski. Traduziu *A sociedade ingovernável* (no prelo), do filósofo político francês Grégoire Chamayou, para a editora Ubu, e "Hamlet e Dom Quixote", de Ivan Turguêniev, para a edição de *Hamlet*, de William Shakespeare, da mesma editora (2019). Contribuiu com traduções de poemas de Óssip Mandelstam para o romance *O que ela sussurra*, de Noemi Jaffe, publicado pela Companhia das Letras (2020). Na Editora 34, participou da *Antologia do humor russo* organizada por Arlete Cavaliere (2018), com tradução dos textos em prosa "Paris (notas do homem-ganso) (extrato)", "Como eu a fiz rir" e "Por acaso é possível tornar-se satírico?", de Maiakóvski. Sua tradução de *Sobre isto* (2018), de Maiakóvski, recebeu os prêmios APCA 2018, Jabuti 2019 e Boris Schnaiderman (ABRALIC) 2019. Publicou diversos artigos sobre literatura russa e, atualmente, exerce as atividades de pesquisadora, tradutora e professora.

Este livro foi composto em Sabon pela Bracher & Malta, com CTP e impressão da Edições Loyola em papel Pólen Soft 80 g/m² da Cia. Suzano de Papel e Celulose para a Editora 34, em julho de 2020.